LERM/LAMBIASE

Einsatzrecht kompakt – Definitionswissen für die Grundausbildung

Einsatzrecht kompakt – Definitionswissen für die Grundausbildung

Zwischenprüfung erfolgreich bestehen

Patrick Lerm
Polizeioberkommissar

Dominik Lambiase, M. A.
Polizeioberkommissar

Dozenten am Bundespolizeiaus- und -fortbildungszentrum Bamberg
Lehrbeauftragte an der Hochschule für den öffentlichen Dienst in Bayern (Fachbereich Allgemeine Innere Verwaltung) in Hof

2., erweiterte Auflage

BOORBERG

Bibliografische Information der Deutschen Nationalbibliothek | Die Deutsche Nationalbibliothek verzeichnet diese Publikation in der Deutschen Nationalbibliografie; detaillierte bibliografische Daten sind im Internet über www.dnb.de abrufbar.

2. Auflage, 2020
ISBN 978-3-415-06736-3

Titelfoto: © abr68 – stock.adobe.com | Satz: Olaf Mangold Text & Typo, 70374 Stuttgart | Druck und Bindung: Medienhaus Plump GmbH, Rolandsecker Weg 33, 53619 Rheinbreitbach

Richard Boorberg Verlag GmbH & Co KG | Scharrstraße 2 | 70563 Stuttgart
Stuttgart | München | Hannover | Berlin | Weimar | Dresden
www.boorberg.de

Inhaltsverzeichnis

Einführung

Diese Definitionssammlung hat das primäre Ziel, den Polizeimeisteranwärter[1] des mittleren Polizeivollzugsdienstes in der Bundespolizei (BPOL) in die Lage zu versetzen, die Zwischenprüfung im Fach Einsatzrecht am Ende der Grundausbildung mit Erfolg zu bestehen. Ein wichtiger Baustein einer erfolgreichen Prüfung ist die Kenntnis der Definitionen, denn bevor die eigentliche Subsumtion stattfindet, muss der jeweilige Begriff erst definiert (d.h. abgegrenzt) werden. Je schneller diese Definitionen in der Prüfungssituation abgerufen werden können, desto mehr Zeit bleibt für die eigentliche Subsumtion (schriftliche Prüfung) und desto souveräner wirkt das Auftreten in der mündlichen Prüfung.

Die Definitionen wurden bewusst nicht alphabetisch geordnet, sondern den einzelnen präventiven und repressiven Befugnissen sowie den Straftaten zugeordnet. Durch diese Struktur soll der Lernprozess wesentlich erleichtert werden. Bei der jeweiligen Befugnis bzw. Straftat findet sich zudem ein Gesetzesauszug der jeweiligen Norm und ein Beispiel zur Verdeutlichung der Anwendung der Norm.

Diese Definitionssammlung erhebt nicht den Anspruch auf Vollständigkeit. Es wurde (lediglich) ein erster Versuch unternommen, die wesentlichen Befugnisse und Straftaten abzudecken, welche in der Grundausbildung behandelt werden. Insoweit ist die Broschüre auch als Ergänzung zum ebenfalls im RICHARD BOORBERG VERLAG erschienenen Buch *Einsatzrecht kompakt – Sachverhaltsbeurteilung leicht gemacht* gedacht, bei dem die Fallbearbeitung im Vordergrund steht.

Anschließend an jede Befugnis oder Straftat befindet sich ein *Raum für persönliche Notizen.* Diese Notizseite dient für eigene Anmer-

---

1 Soweit Personen- und Funktionsbezeichnungen aus Gründen der Lesbarkeit nur in der männlichen Form verwendet werden, gelten sie gleichermaßen auch für Frauen.

kungen oder zusätzliche Informationen, wie beispielsweise Formvorschriften.

Das gesamte Format wurde bewusst *kompakt* gehalten, damit die Sammlung auch in jede Hosen- oder Jackentasche hineinpasst – ideal zur Vorbereitung auf die schriftliche und mündliche Zwischenprüfung!

Vorwort zur 2. Auflage

Die zweite Auflage der Definitionssammlung wurde um Grafiken und Hinweise zur Subsumtion ergänzt. Ebenso wurden methodische und didaktische Veränderungen bei einigen Paragraphen vorgenommen, um das Lernen und Verstehen der einzelnen Befugnisse und Straftaten zu erleichtern. Am grundlegenden Ziel und dem kompakten Format dieser Definitionssammlung hat sich nichts geändert.

Wir hoffen, dass dieses Werk vielen Auszubildenden den Zugang zur Materie des Einsatzrechts erleichtert, und freuen uns auf Hinweise, Anregungen und Kritik, die zu einer Verbesserung beitragen.

Bamberg, Januar 2020

Patrick Lerm — Dominik Lambiase

Kapitel 1
Präventive Standardbefugnisse

1. Generalklausel

Gesetzestext (Auszug)

§ 14 BPolG (Allgemeine Befugnisse)

(1) Die Bundespolizei kann zur Erfüllung ihrer Aufgaben nach den §§ 1 bis 7 die notwendigen Maßnahmen treffen, um eine Gefahr abzuwehren, soweit nicht dieses Gesetz die Befugnisse der Bundespolizei besonders regelt.

(2) Gefahr im Sinne dieses Abschnitts ist eine im Einzelfall bestehende Gefahr für die öffentliche Sicherheit oder Ordnung im Bereich der Aufgaben, die der Bundespolizei nach den §§ 1 bis 7 obliegen. **[...]**

Denkbare Fallbeispiele

- Die Aufforderung an das polizeiliche Gegenüber, einen gefährlichen Gegenstand abzulegen.
- Ein BMX-Fahrer fährt mit rasantem Tempo durch die Bahnhofshalle. Dadurch kommt es zu gefährlichen Situationen mit anderen Bahnreisenden →Die Person wird durch die eingesetzten Bundespolizisten aufgefordert, unverzüglich vom BMX abzusteigen!

1. Voraussetzung – Konkrete Gefahr i.S.d. § 14 II S. 1 BPolG (sog. 3-schichtige Polizeigefahr[2])

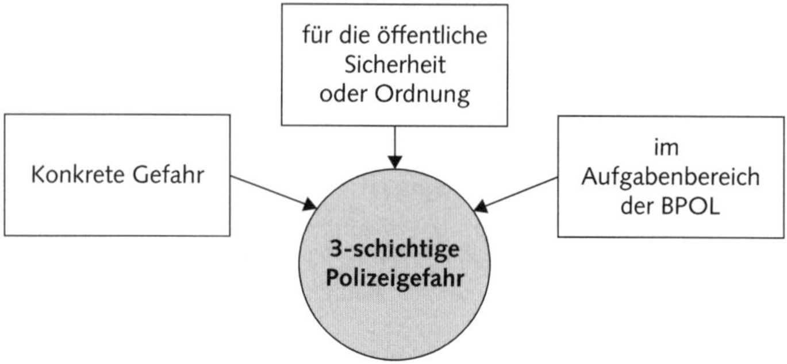

Konkrete Gefahr (Gefahr im Einzelfall)

Eine konkrete Gefahr ist ein ungewöhnlicher, regelwidriger Zustand, der den Eintritt eines Schadens für ein Rechtsgut in naher Zukunft wahrscheinlich macht.[3]

Öffentliche Sicherheit

Unter der öffentlichen Sicherheit versteht man den Schutz der Allgemeinheit oder des Einzelnen vor Schäden, die drohen:

- dem Bestand und der Funktionsfähigkeit des Staates,
- den Individual- und Universalrechtsgütern,
- sowie dem Schutz der gesamten Rechtsordnung.

oder

---

2 Die 3-Schichtigkeit ist Konsequenz der sonderpolizeilichen Stellung der Bundespolizei, die Polizeien der Länder benötigen lediglich die 1. und 2. Schicht.

3 Kontrollfrage für die Subsumtion: Falls polizeilich nicht eingeschritten wird, könnte **was** in allernächster Zukunft passieren?

Öffentliche Ordnung

Die öffentliche Ordnung umfasst alle ungeschriebenen Normen für das Verhalten des Einzelnen in der Öffentlichkeit, die ein geordnetes Gemeinschaftsleben gewährleisten. Diese Wertvorstellungen sind wandelbar.

Im Aufgabenbereich der BPOL

Dies umfasst die präventive Aufgabenwahrnehmung nach den §§ 1–7 BPolG.[4]

2. Voraussetzung – Subsidiarität

Im BPolG (§§ 21–50) ist keine Standardmaßnahme für eine derartige Maßnahme zur Gefahrenabwehr vorhanden. Deshalb ist der Rückgriff auf die Generalklausel möglich.

Denkbarer Adressat der Generalklausel:

- Verhaltensverantwortlicher gem. § 17 BPolG
- Zustandsverantwortlicher gem. § 18 BPolG (z. B. Aufforderung an eine Person, den Hund anzuleinen, der zuvor bereits einige Bahnreisende „verschreckt" hat)
- Nichtverantwortliche gem. § 20 I BPolG (insbesondere bei Evakuierungen).

Raum für eigene Notizen:

4 Genauer genommen, muss sich der Gefahrenanlass im präventiven Aufgabenbereich der BPOL befinden.

2. Platzverweis

Gesetzestext

§ 38 BPolG (Platzverweisung)

Die Bundespolizei kann zur Abwehr einer Gefahr eine Person vorübergehend von einem Ort verweisen oder ihr vorübergehend das Betreten eines Ortes verbieten.

Denkbare Fallbeispiele

- Eine lautstarke Gruppe junger Männer (ohne erkennbare Reiseabsichten) hält sich im Bereich des Haupteingangs zum Bahnhof auf. Hierbei werden Reisende angepöbelt und der Weg versperrt.
- Am Flughafen kommt es durch einen NZG[5] zu Räumungs- und Absperrmaßnahmen. Dabei will ein Reisender die Absperrung *durchbrechen*. Die Person wird aufgehalten und verwiesen.

Voraussetzung – Konkrete Gefahr i.S.d. § 14 II S. 1 BPolG (sog. 3-schichtige Polizeigefahr)

Konkrete Gefahr (Gefahr im Einzelfall)

Eine Gefahr ist ein ungewöhnlicher, regelwidriger Zustand, der den Eintritt eines Schadens für ein Rechtsgut in naher Zukunft wahrscheinlich macht.[6]

Öffentliche Sicherheit

Unter der öffentlichen Sicherheit versteht man den Schutz der Allgemeinheit oder des Einzelnen vor Schäden, die drohen:

- dem Bestand und der Funktionsfähigkeit des Staates,

---

5 Nicht zuzuordnender Gegenstand.

6 Kontrollfrage für die Subsumtion: Falls polizeilich nicht eingeschritten wird, könnte **was** in allernächster Zukunft passieren?

- den Individual- und Universalrechtsgütern,
- sowie dem Schutz der gesamten Rechtsordnung.

oder

Öffentliche Ordnung

Die öffentliche Ordnung umfasst alle ungeschriebenen Normen für das Verhalten des Einzelnen in der Öffentlichkeit, die ein geordnetes Gemeinschaftsleben gewährleisten. Diese Wertvorstellungen sind wandelbar.

Im Aufgabenbereich der BPOL

Dies umfasst die präventive Aufgabenwahrnehmung nach den §§ 1–7 BPolG.[7]

Denkbarer Adressat des Platzverweises:

- Verhaltensverantwortlicher gem. § 17 BPolG
- Zustandsverantwortlicher gem. § 18 BPolG
- Nichtverantwortliche gem. § 20 I BPolG (insbesondere bei Evakuierungen).

Raum für eigene Notizen:

7 Genauer genommen, muss sich der Gefahrenanlass im präventiven Aufgabenbereich der BPOL befinden.

3. Datenerhebungsgeneralklausel

Gesetzestext (Auszug)

§ 21 BPolG (Erhebung personenbezogener Daten)

(1) Die Bundespolizei kann, sofern in diesem Abschnitt nichts anderes bestimmt ist, personenbezogene Daten erheben, soweit dies zur Erfüllung einer ihr obliegenden Aufgabe erforderlich ist. [...]

Denkbare Fallbeispiele

- Den Streifenbeamten fällt im Bahnhof eine Person wegen ihres merkwürdigen Verhaltens auf. Es könnte sich um einen Taschendieb handeln. Die Beamten folgen der Person unauffällig, um zu beobachten, wohin die Person geht und was sie macht.
- Auf einem Parkplatz im 30 km-Grenzgebiet wird durch die eingesetzte Streife ein Kfz beobachtet, welches in auffälliger Weise hin- und zurückfährt.

1. Voraussetzung – Erheben personenbezogener Daten[8]

Erheben umfasst das aktive Beschaffen von personenbezogenen Informationen über den Betroffenen, abhängig von Dauer und Intensität.

Personenbezogene Daten i. S. d. § 46 BDSG sind Einzelangaben über persönliche oder sachliche Verhältnisse einer bestimmten oder bestimmbaren Person.[9]

---

8 Die erste Voraussetzung besteht genau genommen aus zwei Voraussetzungen, die jedoch im engen Zusammenhang zueinander stehen und deshalb zusammen geprüft werden können.

9 Eine weitere Definition findet sich in Art. 4 der Datenschutz-Grundverordnung (DSGVO). Demnach sind personenbezogene Daten alle Informationen, die sich auf eine identifizierte oder identifizierbare Person (= betroffene Person) beziehen; als identifizierbar wird eine natürliche Person angesehen, die direkt oder indirekt, insbesondere mittels Zuordnung zu einer Kennung wie einem Namen, zu einer Kennnummer, zu Standortdaten, zu einer Online-Kennung oder zu

2. Voraussetzung – Erforderlichkeit zur Aufgabenerfüllung

Die Erforderlichkeit der Erhebung der bestimmten personenbezogenen Daten ist dann gegeben, wenn die BPOL ihre Aufgabe (§§ 1–7 BPolG) ohne die entsprechende Datenerhebung nicht, nicht vollständig oder nicht in rechtmäßiger Weise erfüllen kann.

3. Voraussetzung – Subsidiarität

Es ist keine Maßnahme im BPolG vorhanden, welche das Erheben von personenbezogenen Daten genauer regelt.[10]

Denkbarer Adressat der Datenerhebungsgeneralklausel:

- Adressat kann „jedermann" sein, bei dem die für die Aufgabenerfüllung personenbezogenen Daten erhoben werden → sog. Normadressat gem. § 20 II BPolG.

Raum für eigene Notizen:

---

einem oder mehreren besonderen Merkmalen identifiziert werden kann, die Ausdruck der physischen, physiologischen, genetischen, psychischen, wirtschaftlichen, kulturellen oder sozialen Identität dieser natürlichen Person sind. (...)

10 Speziellere Normen als § 21 I BPolG wären zum Beispiel § 22 BPolG (Befragung) oder auch § 23 BPolG (IDF).

4. Befragung

Gesetzestext (Auszug)

§ 22 BPolG (Befragung und Auskunftspflicht)

(1) Die Bundespolizei kann eine Person befragen, wenn Tatsachen die Annahme rechtfertigen, dass die Person sachdienliche Angaben für die Erfüllung einer bestimmten der Bundespolizei obliegenden Aufgabe machen kann. Zum Zwecke der Befragung kann die Person angehalten werden. Auf Verlangen hat die Person mitgeführte Ausweispapiere zur Prüfung auszuhändigen. [...]

Denkbare Fallbeispiele

- Der im 30km-Grenzgebiet tätige Landwirt wird befragt, da er möglicherweise durch seine Tätigkeit verdächtige Personengruppen und/oder Fahrzeuge gesehen haben könnte, die im Zusammenhang mit Schleusungen bzw. unerlaubten Einreisen stehen.
- Befragung von Fluggästen, wer den herrenlosen Koffer abgestellt hat.

1. Voraussetzung – Tatsachen

Tatsachen sind gesicherte Erkenntnisse und begründen objektiv die Annahme, dass ein bestimmter Sachverhalt tatsächlich existiert oder mit Wahrscheinlichkeit zu erwarten ist.[11]

2. Voraussetzung – Sachdienliche Angaben

Sachdienliche Angaben sind jede die Aufgaben der BPOL unterstützenden oder fördernden Informationen, die einen zielgerichteten Einsatz ermöglichen oder erleichtern.

---

11 Dies können insbesondere eigene Beobachtungen, Informationen benachbarter Behörden, eingehende Hinweise oder Anzeigen sein. Auf polizeilicher Erfahrung gestützte Vermutungen reichen nicht aus.

3. Voraussetzung – Aufgabenerfüllung

Dies umfasst die präventive Aufgabenwahrnehmung nach den §§ 1–7 BPolG.

Denkbarer Adressat der Befragung nach § 22 I BPolG:

- Adressat kann „jedermann" sein, bei dem aufgrund von Tatsachen anzunehmen ist, dass er sachdienliche Angaben für eine bestimmte der Bundespolizei obliegenden Aufgabe machen kann → sog. Normadressat gem. § 20 II BPolG!

Raum für eigene Notizen:

5. Identitätsfeststellung

Gesetzestext (Auszug)

§ 23 BPolG (Befragung und Auskunftspflicht)

(1) Die Bundespolizei kann die Identität einer Person feststellen

1. zur Abwehr einer Gefahr,
2. zur polizeilichen Kontrolle des grenzüberschreitenden Verkehrs,
3. im Grenzgebiet bis zu einer Tiefe von dreißig Kilometern zur Verhinderung oder Unterbindung unerlaubter Einreise in das Bundesgebiet oder zur Verhütung von Straftaten im Sinne des § 12 Abs. 1 Nr. 1 bis 4,
4. wenn die Person sich in einer Einrichtung der Bundespolizei (§ 1 Abs. 3), einer Anlage oder Einrichtung der Eisenbahnen des Bundes (§ 3), einer dem Luftverkehr dienenden Anlage oder Einrichtung eines Verkehrsflughafens (§ 4), dem Amtssitz eines Verfassungsorgans oder eines Bundesministeriums (§ 5) oder an einer Grenzübergangsstelle (§ 61) oder in unmittelbarer Nähe hiervon aufhält und Tatsachen die Annahme rechtfertigen, dass dort Straftaten begangen werden sollen, durch die in oder an diesen Objekten befindliche Personen oder diese Objekte selbst unmittelbar gefährdet sind, und die Feststellung der Identität auf Grund der Gefährdungslage oder auf die Person bezogener Anhaltspunkte erforderlich ist, oder
5. zum Schutz privater Rechte.

[...]

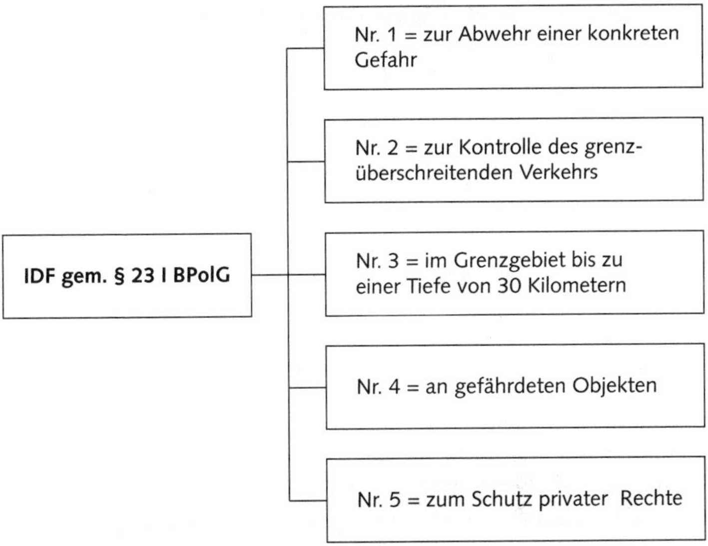

Grundlegendes zum Aufbau der Norm

Eine Rechtsnorm besteht grundsätzlich aus den Voraussetzungen (*wenn…*) und den Rechtsfolgen (*dann…*). Die Besonderheit bei der präventiven IDF ist, dass die Voraussetzungen im Absatz 1 und die Rechtsfolgen im Absatz 3 enthalten sind. Deshalb muss auf eine vollständige Zitierung geachtet werden, z. B. § 23 I Nr. 1 i. V. m. III BPolG.

5.1 IDF nach § 23 I Nr. 1 BPolG – zur Abwehr einer konkreten Gefahr

Denkbares Fallbeispiel

- Eine sich merkwürdig verhaltende Person wird von der Streife beobachtet. Die Person mustert die anderen Bahnreisenden. Die eingesetzten Beamten gehen davon aus, dass es sich möglicherweise um einen Taschendieb handeln könnte und entschließen sich deshalb, die Anonymität der Person *aufzuheben* und eine IDF durchzuführen.

Voraussetzung – Konkrete Gefahr i. S. d. § 14 II S. 1 BPolG (sog. 3-schichtige Polizeigefahr)

Konkrete Gefahr (Gefahr im Einzelfall)

Ein Gefahr ist ein ungewöhnlicher, regelwidriger Zustand, der den Eintritt eines Schadens für ein Rechtsgut in naher Zukunft wahrscheinlich macht.[12]

Öffentliche Sicherheit

Unter der öffentlichen Sicherheit versteht man den Schutz der Allgemeinheit oder des Einzelnen vor Schäden, die drohen:

- dem Bestand und der Funktionsfähigkeit des Staates,
- den Individual- und Universalrechtsgütern,
- sowie dem Schutz der gesamten Rechtsordnung.

oder

Öffentliche Ordnung

Die öffentliche Ordnung umfasst alle ungeschriebenen Normen für das Verhalten des Einzelnen in der Öffentlichkeit, die ein geordnetes Gemeinschaftsleben gewährleisten. Diese Wertvorstellungen sind wandelbar.

12 Kontrollfrage für die Subsumtion: Falls polizeilich nicht eingeschritten wird, könnte **was** in allernächster Zukunft passieren?

Im Aufgabenbereich der BPOL

Dies umfasst die präventive Aufgabenwahrnehmung nach den §§ 1–7 BPolG.[13]

Denkbarer Adressat des § 23 I Nr. 1 BPolG:

- Verhaltensverantwortlicher gem. § 17 BPolG
- Zustandsverantwortlicher gem. § 18 BPolG.

Raum für eigene Notizen:

13 Genauer genommen, muss sich der Gefahrenanlass im präventiven Aufgabenbereich der BPOL befinden.

5.2 IDF nach § 23 I Nr. 2 BPolG i.V.m. Art. 8 SGK – bei der Grenzübertrittskontrolle

Denkbare Fallbeispiele

- Grenzpolizeiliche Einreisekontrolle des Fluges aus Peking am Flughafen Hamburg.
- Aus Anlass der Fußball-Europameisterschaft im benachbarten EU-Ausland kommt es zur Wiedereinführung von Grenzkontrollen.

Voraussetzung: Grenzüberschreitender Verkehr i.V.m. Art. 8 SGK

Die Grenzübertrittskontrolle wird als verdachtsunabhängige und systematische Personenkontrolle an den Grenzübergangsstellen durchgeführt. Sie richtet sich vorrangig nach den Bestimmungen des Schengener Grenzkodex (SGK) und ergänzend nach dem nationalen Recht, z.B. BPolG.

Die Grenzübertrittskontrolle erfolgt nach einem einheitlichen Kontrollstandard, Art. 8 SGK (Mindestkontrolle gem. Art. 8 II SGK; Eingehende Kontrolle gem. Art. 8 III SGK).

Merke: Die genaue Zitierung der Befugnis ist Art. 8 SGK i.V.m. § 23 I Nr. 2 BPolG.

Denkbarer Adressat des § 23 I Nr. 2 BPolG:

- Adressat ist die Person, die die Grenze überschreiten will → sog. Normadressat gem. § 20 II BPolG!

Raum für eigene Notizen:

5.3 IDF nach § 23 I Nr. 3 BPolG – im Grenzgebiet (30 km-Bereich)

Denkbares Fallbeispiel

- Im Rahmen einer Kontrollstelle im 30 km-Grenzbereich wird ein verdächtiger Kleintransporter angehalten und die Insassen kontrolliert. Das Kennzeichen und die Marke des Kleintransporters wurden in letzter Zeit häufiger für Schleusungen genutzt.

1. Voraussetzung: Aufenthalt im 30 km-Bereich

Die zu kontrollierende Person befindet sich im 30 km-Bereich.

2. Voraussetzung: Verhinderung/Unterbindung unerlaubter Einreisen oder Verhütung von Straftaten i. S. d. § 12 I Nr. 1–4 BPolG

Unerlaubte Einreise

Ein Ausländer reist unerlaubt ein, wenn er einen erforderlichen Pass oder den erforderlichen Aufenthaltstitel nicht besitzt, mit einem erschlichenen Visum oder entgegen einer Wiedereinreisesperre ohne Betretenserlaubnis nach Deutschland einreist (s. auch § 14 AufenthG).

Verhindern

bedeutet eine unerlaubte Einreise von vornherein unmöglich zu machen.

Unterbinden

ist das Abbrechen eines bereits in Gang gesetzten Vorgangs.

oder

Verhütung von Straftaten i.S.d. § 12 I Nr. 1–4 BPolG

Die Verhütung von Straftaten wird dem präventiv-polizeilichen Aufgabenkreis zugerechnet (§ 1 V BPolG). Hierbei geht es um Sachverhalte, die sich zum einen noch nicht zu einer konkreten Gefahr verdichtet haben, zum anderen aber aufgrund einer Prognose den Eintritt eines schädigenden Ereignisses möglich erscheinen lassen.

Bei Straftaten i.S.d. § 12 I Nr. 1–4 BPolG handelt es sich um grenzbezogene Delikte. Das polizeiliche Ziel ist, lageabhängig die Identität von Personen festzustellen,

- zur Bekämpfung unerlaubter Einreisen (§ 12 I Nr. 1–3 BPolG),
- zur Verhütung von Verstößen gegen Verbringungsverbote (§ 12 I Nr. 4 BPolG),
- zur Verhütung der Einfuhr von Waffen (§ 33 III WaffG), Sprengstoffen (§ 15 IV SprengG) oder Betäubungsmitteln (§ 21 II BtMG).

3. Voraussetzung: Erforderlichkeit der IDF zur Zweckerreichung

Dies umfasst eine nachvollziehbare Begründung hinsichtlich der durchzuführenden IDF. Folgende Gründe können im Einzelfall die IDF rechtfertigen:

- ungewöhnliche Situation/Umstände des Antreffens
- ungewöhnlicher Ort oder ungewöhnliche Zeit des Antreffens
- Verhalten der Person bzw. Personen.

4. Beachtung des Art. 23 SGK
Korrekte Zitierung der Norm: Art. 23 SGK i.V.m. § 23 I Nr. 3 i.V.m. III BPolG

Gesetzestext (Auszug)

Art. 23 SGK – Kontrollen innerhalb des Hoheitsgebiets

Das Ausbleiben der Grenzkontrollen an den Binnengrenzen berührt nicht:

a) die Ausübung der polizeilichen Befugnisse durch die zuständigen Behörden der Mitgliedstaaten nach Maßgabe des nationalen Rechts, sofern die Ausübung solcher Befugnisse nicht die gleiche Wirkung wie Grenzübertrittskontrollen hat; dies gilt auch in Grenzgebieten. Im Sinne von Satz 1 darf die Ausübung der polizeilichen Befugnisse insbesondere nicht der Durchführung von Grenzübertrittskontrollen gleichgestellt werden, wenn die polizeilichen Maßnahmen
   i) keine Grenzkontrollen zum Ziel haben;
   ii) auf allgemeinen polizeilichen Informationen und Erfahrungen in Bezug auf mögliche Bedrohungen der öffentlichen Sicherheit beruhen und insbesondere auf die Bekämpfung der grenzüberschreitenden Kriminalität abzielen;
   iii) in einer Weise konzipiert sind und durchgeführt werden, die sich eindeutig von systematischen Personenkontrollen an den Außengrenzen unterscheidet;
   iv) auf der Grundlage von Stichproben durchgeführt werden.

[...]

Denkbarer Adressat des § 23 I Nr. 3 BPolG:

- Adressat ist die Person, die sich im 30km-Bereich der Grenze aufhält → sog. Normadressat gem. § 20 II BPolG!

Raum für eigene Notizen:

5.4 IDF nach § 23 I Nr. 4 BPolG – an gefährdeten Orten

Denkbares Fallbeispiel

- Ein im Bundeskanzleramt eingesetzter PVB sieht außerhalb des Objektes eine Person, die seit längerer Zeit nahe am Zaun steht. Aufgrund nicht erkennbarer Absichten der Person wird diese durch den PVB kontrolliert.

1. Voraussetzung: Aufenthalt der Person in oder in unmittelbarer Nähe des Objekts i. S. d. § 23 I Nr. 4 BPolG

Objekte sind eigene Einrichtungen der BPOL, Anlagen oder Einrichtungen der Eisenbahn des Bundes, Anlagen oder Einrichtungen des Luftverkehrs, Amtssitz eines Verfassungsorgans oder eines Bundesministeriums oder Grenzübergangsstellen i. S. d. § 61 BPolG.

Im Objekt bedeutet, vom Objekt umschlossen zu sein.

Eine unmittelbare Nähe ist gegeben, wenn man in kürzester Zeit an oder in das Objekt gelangen kann (Anhaltspunkt: Wurf- oder Schussweite).

2. Voraussetzung: Tatsachen rechtfertigen die Annahme, dass dort Straftaten begangen werden sollen

Tatsachen sind gesicherte Erkenntnisse und begründen objektiv die Annahme, dass ein bestimmter Sachverhalt tatsächlich existiert oder mit Wahrscheinlichkeit zu erwarten ist.

3. Voraussetzung: Dadurch Gefährdung von Personen im/am Objekt oder Objektgefährdung

Eine Gefährdung für Personen oder das Objekt selber entsteht durch mögliche Straftaten wie z. B. Körperverletzungen, Freiheitsberaubungen sowie Sprengstoff- und Brandanschläge.

4. Voraussetzung: Erforderlich auf Grund der Gefährdungslage oder personenbezogener Anhaltspunkte

Die **Gefährdungslage** beschreibt die polizeiliche Lage zum Zeitpunkt des Einschreitens. In diesem Zusammenhang können die Behörden der BPOL einzelne Objekte im eigenen Zuständigkeitsbereich zum gefährdeten Objekt erklären.

Personenbezogene Anhaltspunkte können sich insbesondere aus den Umständen oder dem Ort des Antreffens sowie aus dem Verhalten ergeben.

Denkbarer Adressat des § 23 I Nr. 4 BPolG:

- Adressat ist die Person, die sich in oder an dem gefährdeten Objekt aufhält → sog. Normadressat gem. § 20 II BPolG!

Raum für eigene Notizen:

5.5 IDF nach § 23 I Nr. 5 BPolG – zum Schutz privater Rechte

Die Voraussetzungen für das Einschreiten zum Schutz privater Rechte sind in § 1 V BPolG geregelt.

Denkbares Fallbeispiel

- Eine Zugstreife wird durch den ZUB[14] hinzugezogen, da sich eine Person weigert, einem anderen Reisenden seine Identität mitzuteilen. Zuvor hatte die Person aus Unachtsamkeit Kaffee auf das Mobiltelefon des Geschädigten verschüttet. Der Geschädigte möchte die Personalien der Person, um den Schaden ersetzt zu bekommen.

Schutz privater Rechte

1. Glaubhaftes Bestehen eines privatrechtlichen Anspruchs (glaubhaft = nicht bereits erwiesen)
2. Gerichtlicher Schutz ist nicht bzw. nicht rechtzeitig zu erlangen
3. Die Verwirklichung des Rechts würde ohne polizeiliches Einschreiten vereitelt oder wesentlich erschwert
4. Bezug zu den Aufgaben der Bundespolizei

Denkbarer Adressat des § 23 I Nr. 5 BPolG:

- Adressat ist die Person, gegen die gerichtlicher Schutz zur Wahrung privatrechtlicher Ansprüche erwirkt werden soll → sog. Normadressat gem. § 20 II BPolG.

14 Zugbegleiter.

Raum für eigene Notizen:

6. Datenabgleich

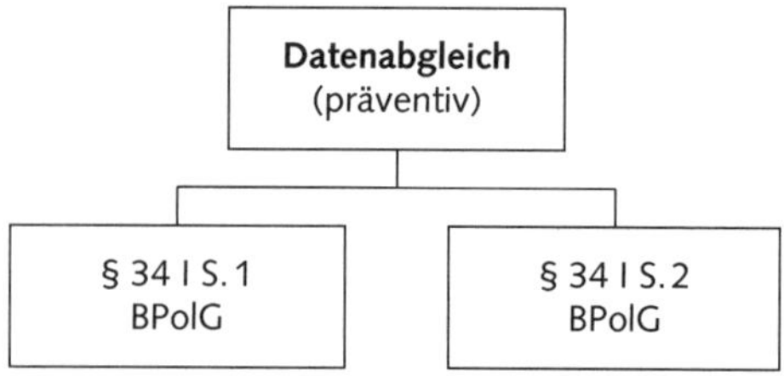

Gesetzestext (Auszug)

§ 34 BPolG (Datenabgleich)

(1) Die Bundespolizei kann personenbezogene Daten mit dem Inhalt von Dateien abgleichen, die sie zur Erfüllung der ihr obliegenden Aufgaben führt oder für die sie Berechtigung zum Abruf hat,

1. zur polizeilichen Kontrolle des grenzüberschreitenden Verkehrs oder,
2. wenn Grund zu der Annahme besteht, dass dies zur Erfüllung einer sonstigen Aufgabe der Bundespolizei erforderlich ist.

Die Bundespolizei kann ferner im Rahmen ihrer Aufgabenerfüllung erlangte personenbezogene Daten mit dem Fahndungsbestand abgleichen. Der Betroffene kann für die Dauer des Abgleichs angehalten werden. **[...]**

6.1 Datenabgleich nach § 34 I S. 1 BPolG

1. Voraussetzung – Personenbezogene Daten

Personenbezogene Daten sind Einzelangaben über persönliche oder sachliche Verhältnisse einer bestimmten oder bestimmbaren Person (§ 46 BDSG).

2. Voraussetzung – Zulässige (rechtmäßige) Erhebung von Daten

Prüfung oder Verweis auf die Rechtmäßigkeit der Datenerhebung.

3. Voraussetzung – Zugriff auf Datenbestände

Feststellung, ob Zugriff auf eigene Dateien oder andere Dateien (INPOL) mit Zugriffsberechtigung durch BPOL.

3. Voraussetzung – Zweck

Nr. 1 zur Kontrolle des grenzüberschreitenden Verkehrs

Ist die verdachtsunabhängige und systematische Personenkontrolle an den Grenzübergangsstellen.

Beispiel: Am Flughafen Hamburg kontrolliert der PVB einen Reisenden, der zuvor mit der Maschine aus der Türkei gelandet ist. Im Rahmen der Kontrolle wird u.a. eine automatisierte Fahndungsabfrage im INPOL/SIS durchgeführt.

Nr. 2 zur Erfüllung einer sonstigen Aufgabe erforderlich/notwendig

§§ 1–7 BPolG

Beispiel: Im Rahmen eines Fußballspiels wird eine Gruppe aggressiver Fans am Bahnhof einer Kontrolle (IDF) unterzogen. Hierbei wird auch ein Datenabgleich durchgeführt. Die eingesetzten Beamten entschließen sich, eine sog. Vollauskunft durchzuführen, um weitere Auskünfte über die Personen und ihr Verhalten in der Vergangenheit zu erfahren.

Denkbarer Adressat des Datenabgleichs:

- Adressat ist jede Person, die *Datengeber* ist → sog. Normadressat gem. § 20 II BPolG!

6.2 Datenabgleich nach § 34 I S. 2 BPolG

Denkbares Fallbeispiel

- Im Rahmen einer Vernehmung gibt die geschleuste Person den Vor- und Familiennamen des mutmaßlichen Schleusers an. Die Beamten versuchen, über eine Fahndungsabfrage im INPOL an die Identität der Person zu kommen.

1. Voraussetzung – Personenbezogene Daten

Personenbezogene Daten sind Einzelangaben über persönliche oder sachliche Verhältnisse einer bestimmten oder bestimmbaren Person.

2. Voraussetzung – Bei der Aufgabenerfüllung erlangt

Prüfung oder Verweis auf die Rechtmäßigkeit der Datenerhebung.

3. Voraussetzung – Fahndungsbestand

Benennen der jeweiligen Fahndungsdatei (Grenzfahndungsdatei, INPOL, SIS, AZR, ZEVIS).

Denkbarer Adressat des Datenabgleichs:

- Adressat ist jede Person, die *Datengeber* ist → sog. Normadressat gem. § 20 II BPolG!

Raum für eigene Notizen:

7. Gewahrsamnahme

Gesetzestext (Auszug)

§ 39 BPolG (Gewahrsamnahme)

(1) Die Bundespolizei kann eine Person in Gewahrsam nehmen, wenn dies

1. zum Schutz der Person gegen eine Gefahr für Leib oder Leben erforderlich ist, insbesondere weil die Person sich erkennbar in einem die freie Willensbestimmung ausschließenden Zustand oder sonst in hilfloser Lage befindet,
2. unerlässlich ist, um eine Platzverweisung nach § 38 durchzusetzen, oder
3. unerlässlich ist, um die unmittelbar bevorstehende Begehung oder Fortsetzung einer Straftat oder einer Ordnungswidrigkeit von erheblicher Bedeutung für die Allgemeinheit zu verhindern.

(2) Die Bundespolizei kann Minderjährige, die der Obhut des Personensorgeberechtigten widerrechtlich entzogen wurden oder sich dieser entzogen haben, in Gewahrsam nehmen, damit sie dem Sorgeberechtigten oder dem Jugendamt zugeführt werden können.

(3) Die Bundespolizei kann eine Person, die aus dem Vollzug von Untersuchungshaft, Freiheitsstrafen, Jugendstrafen oder freiheitsentziehenden Maßregeln der Besserung und Sicherung entwichen ist oder sich sonst ohne Erlaubnis außerhalb der Justizvollzugsanstalt oder einer Anstalt nach den §§ 63 und 64 des Strafgesetzbuches aufhält, in Gewahrsam nehmen, damit sie in die Anstalt zurückgebracht werden kann.

(4) Die Bundespolizei kann eine Person in Gewahrsam nehmen, um einem Ersuchen, das eine Freiheitsentziehung zum Inhalt hat, nachzukommen. [...]

7.1 Gewahrsam nach § 39 I Nr. 1 BPolG – sog. Schutzgewahrsam

Denkbares Fallbeispiel

- Eine am Bahnhof befindliche Person mit erkennbarer Suizidabsicht wird vorübergehend in Gewahrsam genommen.

1. Voraussetzung – Konkrete Gefahr i.S.d. § 14 II S. 1 BPolG (sog. 3-schichtige Polizeigefahr) für Leib/Leben

Konkrete Gefahr

Eine Gefahr ist ein ungewöhnlicher, regelwidriger Zustand, der den Eintritt eines Schadens für ein Rechtsgut in naher Zukunft wahrscheinlich macht.[15]

Öffentliche Sicherheit

Unter der öffentlichen Sicherheit versteht man u.a. den Schutz der Allgemeinheit oder des Einzelnen vor Schäden, die dem Individualrechtsgut Leib oder Leben drohen.[16]

Im Aufgabenbereich der BPOL

Dies umfasst die präventive Aufgabenwahrnehmung nach den §§ 1–7 BPolG.[17]

---

15 Kontrollfrage für die Subsumtion: Falls polizeilich nicht eingeschritten wird, könnte **was** in allernächster Zukunft passieren?

16 Hier ist im Rahmen der Subsumtion der öffentlichen Sicherheit ausschließlich auf das Individualrechtsgut Leib oder Leben einzugehen.

17 Der Gefahrenanlass muss sich im präventiven Aufgabenbereich der BPOL befinden.

2. Voraussetzung – Erforderlichkeit

Erkennbar in einem die freie Willensbestimmung ausschließenden Zustand

Person ist nicht oder nicht mehr in der Lage, einen Willensentschluss zu fassen oder diesem Entschluss entsprechend zu handeln.

oder

Hilflose Lage

Person kann sich nicht selbst helfen, d.h., wenn sie aus eigener Kraft oder mit eigenen Mitteln nicht im Stand ist, einer Gefahr für Leib oder Leben zu begegnen.

Denkbarer Adressat des Schutzgewahrsams:

- Adressat ist jede Person, die sich in der Gefahrenlage befindet → sog. Normadressat gem. § 20 II BPolG!

Raum für eigene Notizen:

7.2 Gewahrsam nach § 39 I Nr. 2 BPolG – sog. Durchsetzungsgewahrsam

Denkbares Fallbeispiel

- Bei Absperrmaßnahmen infolge eines größeren Bahnbetriebsunfalls durchbricht ein Unbeteiligter mehrfach aus Neugier die Absperrung. Er wird daraufhin wiederholt des Platzes verwiesen. Der eingesetzte Polizeiführer entscheidet sich daraufhin für einen Durchsetzungsgewahrsam.

1. Voraussetzung – Nicht befolgter Platzverweis gem. § 38 BPolG

Hier sollte entweder eine komplette Prüfung der Voraussetzungen für den Platzverweis stattfinden oder es könnte auf die Rechtmäßigkeit des Platzverweises verwiesen werden (je nach Aufgabenstellung). Auch sollte die Nichtbefolgung des Platzverweises erwähnt werden.

2. Voraussetzung – Unerlässlichkeit des Gewahrsams

Unerlässlich ist die Gewahrsamnahme, wenn kein milderes, gleichermaßen geeignetes Mittel vorliegt.

Denkbarer Adressat des Durchsetzungsgewahrsams:

- Verhaltensverantwortlicher gem. § 17 BPolG.

Raum für eigene Notizen:

7.3 Gewahrsam nach § 39 I Nr. 3 BPolG – sog. Unterbindungsgewahrsam

Denkbares Fallbeispiel

- Mehrere erheblich angetrunkene Personen versuchen wiederholt, durch Fußtritte die großen Glasscheiben im Eingangsbereich des Auswärtigen Amtes zu zerstören. Die eingesetzten PVB der Bundespolizei entschließen sich, einen Unterbindungsgewahrsam auszusprechen.

1. Voraussetzung – Unmittelbar bevorstehende Begehung oder Fortsetzung einer Straftat / OWi von erheblicher Bedeutung

Straftat oder OWi am Sachverhalt feststellen. Zu beachten ist, dass die OWi aufgrund der Begehungsweise, Art, Dauer oder Schwere eine Gefahr für die Allgemeinheit darstellen muss.

Unmittelbar bevorstehend bedeutet, dass mit an Sicherheit grenzender Wahrscheinlichkeit in allernächster Zeit eine strafbare Handlung zu erwarten ist.

oder

Fortsetzung bedeutet, dass bereits ein Schaden eingetreten ist und eine Schadensvertiefung droht.

2. Voraussetzung – Verhinderung

Verhindern bedeutet, einen Vorgang von vornherein unmöglich zu machen.

3. Voraussetzung – Unerlässlichkeit

Unerlässlich ist die Gewahrsamnahme, wenn kein milderes, gleichermaßen geeignetes Mittel vorliegt.

Denkbarer Adressat des Unterbindungsgewahrsams:

- Verhaltensverantwortlicher gem. § 17 BPolG.

Raum für eigene Notizen:

7.4 Gewahrsam nach § 39 II BPolG – sog. Minderjährigengewahrsam

Denkbares Fallbeispiel

- Eine 13-Jährige ist von zu Hause weggelaufen. Die Eltern wenden sich u. a. an die BPOLI Hamburg. Durch Fahndungsmaßnahmen gelingt es, die Jugendliche festzustellen, vorübergehend in Gewahrsam zu nehmen und schließlich den Eltern zu übergeben.

1. Voraussetzung – Minderjährige(r)

Die Person ist unter 18 Jahre alt.

2. Voraussetzung – Personensorgeberechtigte(r)

Sorgeberechtigte(r) am Sachverhalt feststellen.

3. Voraussetzung – Der Obhut widerrechtlich entzogen wurde oder sich der Obhut widerrechtlich entzogen hat

Hier genügt ebenso ein Erkennen und Feststellen am Sachverhalt.

Denkbarer Adressat des Minderjährigengewahrsams:

- Der Adressat ergibt sich aus der Norm selbst, sog. Normadressat gem. § 20 II BPolG. Hier ist dies die Person, die unter 18 Jahre ist.

Raum für eigene Notizen:

8. Durchsuchung von Personen

Gesetzestext (Auszug)

§ 43 BPolG (Durchsuchung von Personen)

(1) Die Bundespolizei kann außer in den Fällen des § 23 Abs. 3 Satz 5 eine Person durchsuchen, wenn

1. sie nach diesem Gesetz oder anderen Rechtsvorschriften festgehalten werden kann,
2. Tatsachen die Annahme rechtfertigen, dass sie Sachen mit sich führt, die sichergestellt werden dürfen,
3. sie sich erkennbar in einem die freie Willensbestimmung ausschließenden Zustand oder sonst in hilfloser Lage befindet oder
4. sie sich in einem Objekt im Sinne des § 23 Abs. 1 Nr. 4 oder in dessen unmittelbarer Nähe aufhält und Tatsachen die Annahme rechtfertigen, dass dort Straftaten begangen werden sollen, durch die in oder an diesen Objekten befindliche Personen oder diese Objekte selbst unmittelbar gefährdet sind, und die Durchsuchung auf Grund der Gefährdungslage oder auf die Person bezogener Anhaltspunkte erforderlich ist.

[...]

§ 43 BPolG

- **Abs. 1 Nr. 1 → Zielrichtung?**
  Schutz der Person sowie unbeteiligter Dritter und Eigensicherung
- **Abs. 1 Nr. 2 → Zielrichtung?**
  DS zur Sicherstellung (§ 47 BPolG)
- **Abs. 1 Nr. 3 → Zielrichtung?**
  DS bei hilfloser Lage (insbesondere Suche nach ID-Papieren oder -hinweisen, um Angehörige zu benachrichtigen)
- **Abs. 1 Nr. 4 → Zielrichtung?**
  Gefährdungslage (Abwehr von Terrorismus / Bewältigung von Fußballspielen)
- **Abs. 3 → Zielrichtung?**
  Eigensicherung; IDF darf noch nicht abgeschlossen sein

8.1 Durchsuchung nach § 43 I Nr. 1 BPolG

Denkbares Fallbeispiel

- Am Flughafen wird bei der grenzpolizeilichen Einreisekontrolle einer Person ein Vollstreckungshaftbefehl festgestellt. Da die Person nicht zahlen kann, wird sie zur nächstgelegenen JVA gebracht. Vor dem Transport mit dem Dienst-Kfz wird die Person zur Eigensicherung und zum Schutz vor Selbstverletzungen nach gefährlichen Gegenständen durchsucht.

Voraussetzung – Festhalten einer Person
Zielrichtung: Eigensicherung und Schutz des Betroffenen

Unter dem Begriff „Festhalten" versteht man alle präventiven und repressiven Freiheitsentziehungen.

Hinweis: Damit sind zum einen Freiheitsentziehungen nach dem BPolG gemeint, die in § 40 BPolG aufgezählt sind. Zum anderen auch Freiheitsentziehungen nach der StPO, z. B. § 163b I S. 2 StPO – die Mitnahme zur Dienststelle oder die vorläufige Festnahme gem. § 127 I oder II StPO.

Denkbarer Adressat:

- Der Adressat ergibt sich aus der Norm selbst, sog. Normadressat gem. § 20 II BPolG. Hier ist dies die Person, die festgehalten werden darf.

Raum für eigene Notizen:

8.2 Durchsuchung nach § 43 I Nr. 2 BPolG

Denkbares Fallbeispiel

- Auf dem Bahnhof läuft eine Gruppe Jugendlicher mit Rucksäcken. Es ist 23:30 Uhr. Der Streife fallen klappernde Geräusche auf, die auf Graffiti-Farbdosen hindeuten. Im Rahmen einer präventiven Kontrolle werden neben den Rucksäcken auch die Personen selbst durchsucht.

1. Voraussetzung – Tatsachen

Tatsachen sind gesicherte Erkenntnisse und begründen objektiv die Annahme, dass ein bestimmter Sachverhalt tatsächlich existiert oder mit Wahrscheinlichkeit zu erwarten ist.

2. Voraussetzung – Mitgeführte Sachen

Sachen sind körperliche Gegenstände, § 90 BGB.

Mitgeführt werden Sachen, wenn sich die Sache im unmittelbaren Umkreis des Betroffenen befindet und er ohne Schwierigkeiten auf diese einwirken kann.

3. Voraussetzung – Sicherstellung

Die Durchsuchung bezweckt das Auffinden solcher Sachen, die aus präventiven Gründen sichergestellt werden dürfen. Es wird hierbei auf § 47 BPolG abgezielt.

Denkbarer Adressat:

- Der Adressat ergibt sich aus der Norm selbst, sog. Normadressat gem. § 20 II BPolG. Hier ist dies die Person, die Sachen mit sich führt, die sichergestellt werden dürfen.

Raum für eigene Notizen:

8.3 Durchsuchung nach § 43 I Nr. 3 BPolG

Denkbares Fallbeispiel

- Im Flughafen-Terminal sitzt eine blasse, zitternde Person. Sie ist nicht ansprechbar. Der eingesetzte PVB durchsucht die Person, um Hinweise auf die Krankheit festzustellen, z. B. Diabetiker.

Voraussetzung – Erkennbar in einem die freie Willensbestimmung ausschließenden Zustand oder sonst in hilfloser Lage

Erkennbar in einem die freie Willensbestimmung ausschließenden Zustand

Person ist nicht oder nicht mehr in der Lage, einen Willensentschluss zu fassen oder diesem Entschluss entsprechend zu handeln.

oder

Hilflose Lage

Person kann sich nicht selbst helfen, d.h., wenn sie aus eigener Kraft oder mit eigenen Mitteln nicht im Stand ist, einer Gefahr für Leib oder Leben zu begegnen.

Denkbarer Adressat:

- Der Adressat ergibt sich aus der Norm selbst, sog. Normadressat gem. § 20 II BPolG. Hier ist dies die Person, die hilflos ist.

Raum für eigene Notizen:

8.4 Durchsuchung nach § 43 III BPolG

Die Durchsuchung nach § 43 III BPolG dient in erster Linie der Eigensicherung der eingesetzten Beamten als auch dem Schutz des Betroffenen oder eines Dritten. Sie kommt in der Regel bei bestimmten gefahrenträchtigen Situationen zur Anwendung, z. B. bei Aggressivität des polizeilichen Gegenübers.

Die Suche erstreckt sich auf das Auffinden von Waffen, Explosivmitteln und anderen gefährlichen Gegenständen (z. B. Messer, Schraubendreher, Rasierklingen etc.).

Denkbares Fallbeispiel

- Auf dem Bahnhof wird ein Graffiti-Sprayer auf frischer Tat betroffen. Bei der IDF verhält dieser sich nicht kooperativ und weigert sich, die Hände aus den Taschen zu nehmen. Mehrfach unterschreitet er die Distanz zu den Beamten.

1. Voraussetzung – Vor oder während einer IDF

Die Identitätsfeststellung darf noch nicht abgeschlossen sein. Die IDF kann nach dem BPolG, aber auch nach anderen Rechtsvorschriften (z. B. StPO) erfolgen.

2. Voraussetzung – Gefahr für Leib und Leben

Die Gefahr muss hierbei nicht konkret sein. Die Durchsuchung erfolgt zum Schutz gegen die Gefahr (Gefahr einer Gefahr, sog. Gefahrenverdacht) und soll deren Eintritt verhindern.

3. Voraussetzung – Erforderlichkeit

Dies umfasst eine nachvollziehbare Begründung hinsichtlich der durchzuführenden Durchsuchung. Folgende Gründe können im Einzelfall die Durchsuchung rechtfertigen:

- konkrete Gegebenheiten der Örtlichkeit oder der Tages- oder Nachtzeit (z. B. IDF zur Nachtzeit)
- Aggressivität des polizeilichen Gegenübers (ggf. auch in Verbindung mit personengebundenen Hinweisen)

Denkbarer Adressat:

- Der Adressat ergibt sich aus der Norm selbst, sog. Normadressat gem. § 20 II BPolG. Hier ist dies die Person, deren Identität festgestellt werden soll.

Raum für eigene Notizen:

9. Durchsuchung von Sachen

Gesetzestext (Auszug)

§ 44 BPolG (Durchsuchung von Sachen)

(1) Die Bundespolizei kann außer in den Fällen des § 23 Abs. 3 Satz 5 und Abs. 5 Satz 2 eine Sache durchsuchen, wenn

1. sie von einer Person mitgeführt wird, die nach § 43 durchsucht werden darf,
2. Tatsachen die Annahme rechtfertigen, dass sich in ihr eine Person befindet, die
   a) in Gewahrsam genommen werden darf,
   b) widerrechtlich festgehalten wird oder
   c) hilflos ist,
3. Tatsachen die Annahme rechtfertigen, dass sich in ihr eine andere Sache befindet, die sichergestellt werden darf, oder
4. sie sich in einem Objekt im Sinne des § 23 Abs. 1 Nr. 4 oder in dessen unmittelbarer Nähe befindet und Tatsachen die Annahme rechtfertigen, dass in oder an diesen Objekten Straftaten begangen werden sollen, durch die in oder an diesen Objekten befindliche Personen oder diese Objekte selbst unmittelbar gefährdet sind, und die Durchsuchung auf Grund der Gefährdungslage oder auf die Sache bezogener Anhaltspunkte erforderlich ist.

(2) Im Grenzgebiet bis zu einer Tiefe von dreißig Kilometern kann die Bundespolizei eine Sache auch zur Verhinderung oder Unterbindung unerlaubter Einreise in das Bundesgebiet oder zur Verhütung von Straftaten im Sinne des § 12 Abs. 1 Nr. 1 bis 4 durchsuchen. Das in Satz 1 genannte Grenzgebiet erstreckt sich im Küstengebiet von der seewärtigen Begrenzung an bis zu einer Tiefe von 50 Kilometern; darüber hinaus nur nach Maßgabe der Rechtsverordnung zu § 2 Abs. 2 Satz 2.

[…]

9.1 Durchsuchung nach § 44 I Nr. 1 BPolG – anlässlich einer Personendurchsuchung

Soweit eine Person Ziel einer polizeilichen Durchsuchung gemäß § 43 BPolG wird, können mitgeführte Sachen auch durchsucht werden.

Denkbares Fallbeispiel

- Am Flughafen wird bei der Einreisekontrolle einer Person ein Vollstreckungshaftbefehl festgestellt. Da die Person nicht zahlen kann, wird sie zur nächstgelegenen JVA gebracht. Vor dem Transport mit dem Dienst-Kfz werden neben der Person auch deren mitgeführte Sachen zur Eigensicherung und zum Schutz vor Selbstverletzungen nach gefährlichen Gegenständen durchsucht.

1. Voraussetzung

Es muss sich um eine Person handeln, die nach § 43 BPolG durchsucht werden darf.

2. Voraussetzung – Mitgeführte Sachen

Sachen sind körperliche Gegenstände, § 90 BGB.

Mitgeführt werden Sachen, wenn sich die Sache im unmittelbaren Umkreis des Betroffenen befindet und er ohne Schwierigkeiten auf diese einwirken kann.

Denkbarer Adressat:

- Der Adressat ergibt sich aus der Norm selbst, sog. Normadressat gem. § 20 II BPolG. Hier ist dies die Person, die Adressat einer (gerechtfertigten) Personendurchsuchung gem. § 43 BPolG ist.

Raum für eigene Notizen:

9.2 Durchsuchung nach § 44 II BPolG – im Grenzgebiet

Denkbares Fallbeispiel

- Im Rahmen einer Kontrollstelle im 30 km-Grenzbereich wird ein verdächtiger Kleintransporter angehalten, die Insassen kontrolliert und das Fahrzeug durchsucht. Das Kennzeichen und die Marke des Kleintransporters wurden in letzter Zeit häufiger für Schleusungen genutzt.

1. Voraussetzung: Aufenthalt im 30 km-Bereich

Die zu kontrollierende Sache befindet sich im 30 km-Bereich.

2. Voraussetzung: Verhinderung / Unterbindung unerlaubter Einreisen oder Verhütung von Straftaten i. S. d. § 12 I Nr. 1–4 BPolG

Unerlaubte Einreise

Ein Ausländer reist unerlaubt ein, wenn er einen erforderlichen Pass oder den erforderlichen Aufenthaltstitel nicht besitzt, mit einem erschlichenen Visum oder entgegen einer Wiedereinreisesperre ohne Betretenserlaubnis nach Deutschland einreist (s. auch § 14 AufenthG).

Verhindern

bedeutet eine unerlaubte Einreise von vornherein unmöglich zu machen.

Unterbinden

ist das Abbrechen eines bereits in Gang gesetzten Vorgangs.

oder

Verhütung von Straftaten i. S. d. § 12 I Nr. 1–4 BPolG

Die Verhütung von Straftaten wird dem präventiv-polizeilichen Aufgabenkreis zugerechnet (§ 1 V BPolG). Hierbei geht es um Sachverhalte, die sich zum einen noch nicht zu einer konkreten Gefahr verdichtet haben, zum anderen aber aufgrund einer Prognose den Eintritt eines schädigenden Ereignisses möglich erscheinen lassen.

Bei Straftaten i. S. d. § 12 I Nr. 1–4 BPolG handelt es sich um grenzbezogene Delikte. Das polizeiliche Ziel ist, lageabhängig die Identität von Personen festzustellen,

- zur Bekämpfung unerlaubter Einreisen (§ 12 I Nr. 1–3 BPolG),
- zur Verhütung von Verstößen gegen Verbringungsverbote (§ 12 I Nr. 4 BPolG),
- zur Verhütung der Einfuhr von Waffen (§ 33 III WaffG), Sprengstoffen (§ 15 IV SprengG) oder Betäubungsmitteln (§ 21 II BtMG).

3. Voraussetzung: Erforderlichkeit der Durchsuchung zur Zweckerreichung

Dies umfasst eine nachvollziehbare Begründung hinsichtlich der durchzuführenden Durchsuchung. Folgende Gründe können im Einzelfall die Durchsuchung rechtfertigen:

- ungewöhnliche Situation/Umstände des Antreffens
- ungewöhnlicher Ort oder ungewöhnliche Zeit des Antreffens
- Verhalten der Person bzw. Personen, die die Sache mitführen
- Lagererkenntnisse über verdächtige PKW, häufig genutzte PKW für Schleusungen (…)

Denkbarer Adressat:

- Der Adressat ergibt sich aus der Norm selbst, sog. Normadressat gem. § 20 II BPolG. Hier ist dies die Person, die sich im Grenzgebiet aufhält.[18]

Raum für eigene Notizen:

18 Adressat der Maßnahme können sowohl deutsche, als auch ausländische Personen sein.

10. Sicherstellung

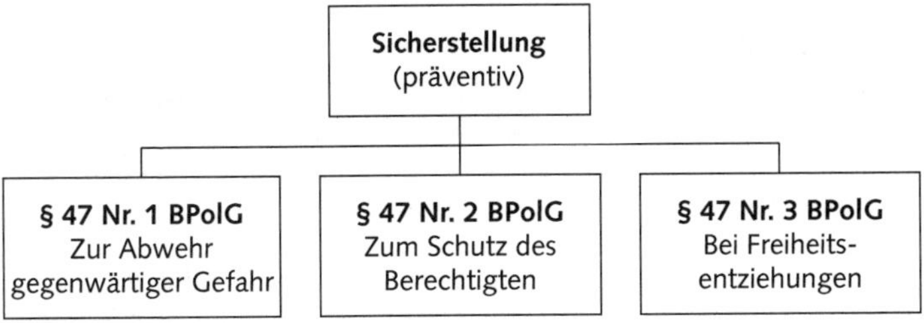

Gesetzestext

§ 47 BPolG (Sicherstellung)

Die Bundespolizei kann eine Sache sicherstellen,

1. um eine gegenwärtige Gefahr abzuwehren,
2. um den Eigentümer oder den rechtmäßigen Inhaber der tatsächlichen Gewalt vor Verlust oder Beschädigung einer Sache zu schützen oder
3. wenn sie von einer Person mitgeführt wird, die nach diesem Gesetz oder anderen Rechtsvorschriften festgehalten wird, und die Sache verwendet werden kann, um
   a) sich zu töten oder zu verletzen,
   b) Leben oder Gesundheit anderer zu schädigen,
   c) fremde Sachen zu beschädigen oder
   d) sich oder einem anderen die Flucht zu ermöglichen oder zu erleichtern.

10.1 Sicherstellung nach § 47 Nr. 1 BPolG – zur Abwehr einer gegenwärtigen Gefahr

Denkbares Fallbeispiel

- Im Rahmen von Vorkontrollen zur Fußball-Fanbegleitung werden die mitgeführten Taschen der Fans durchsucht. Bei einer Person wird ein Küchenmesser aufgefunden. Die Person wird verbal aggressiv und ist leicht alkoholisiert.

Die gegenwärtige Gefahr ist eine 3-stufige Polizeigefahr, bei der das schädigende Ereignis bereits begonnen hat oder mit an Sicherheit grenzender Wahrscheinlichkeit unmittelbar bevorsteht.

1. Voraussetzung – Gegenwärtige Gefahr

Eine gegenwärtige Gefahr ist ein ungewöhnlicher, regelwidriger Zustand, bei dem das schädigende Ereignis **bereits begonnen** oder der sofortige Eintritt eines Schadens mit an Sicherheit grenzender Wahrscheinlichkeit **in allernächster Zeit** zu erwarten ist.

2. Voraussetzung – Öffentliche Sicherheit oder öffentliche Ordnung

Öffentliche Sicherheit

Unter der öffentlichen Sicherheit versteht man den Schutz der Allgemeinheit oder des Einzelnen vor Schäden, die drohen:

- dem Bestand und der Funktionsfähigkeit des Staates,
- den Individual- und Universalrechtsgütern,
- sowie dem Schutz der gesamten Rechtsordnung.

oder

Öffentliche Ordnung

Die öffentliche Ordnung umfasst alle ungeschriebenen Normen für das Verhalten des Einzelnen in der Öffentlichkeit, die ein geordnetes Gemeinschaftsleben gewährleisten. Diese Wertvorstellungen sind wandelbar.

3. Voraussetzung: Aufgabenbereich der BPOL

Dies umfasst die präventive Aufgabenwahrnehmung nach den §§ 1–7 BPolG.[19]

Denkbarer Adressat:

- Verhaltensverantwortlicher gem. § 17 BPolG
- Zustandsverantwortlicher gem. § 18 BPolG.

Raum für eigene Notizen:

19 Genauer genommen, muss sich der Gefahrenanlass im präventiven Aufgabenbereich der BPOL befinden.

10.2 Sicherstellung nach § 47 Nr. 2 BPolG – zum Schutz des Berechtigten

Denkbares Fallbeispiel

- Eine Streife im Flughafen-Terminal findet eine herrenlose Geldbörse samt Reisepass. Durch einen Ausruf kann zeitnah der rechtmäßige Eigentümer ermittelt werden.

Gefahr von Verlust oder Beschädigung der Sache

Verlust

Wenn der Inhaber der tatsächlichen Gewalt seine Sachherrschaft über die Sache nicht mehr ausüben kann, weil er nicht weiß, wo sich die abhanden gekommene Sache befindet.

oder

Beschädigung

Ist jede nicht ganz unerhebliche körperliche Einwirkung auf eine Sache, durch die ihre stoffliche Zusammensetzung verändert oder ihre Unversehrtheit derart aufgehoben wird, dass ihre Brauchbarkeit für ihre Zwecke gemindert ist.

Eigentümer oder rechtmäßiger Inhaber

Eigentümer oder rechtmäßiger Inhaber der tatsächlichen Gewalt **kann nicht anders** vor Verlust oder Beschädigung der Sache **geschützt werden**. Es gelten die Besitz- und Eigentumsregelungen des BGB.

Denkbarer Adressat:

- Verhaltensverantwortlicher gem. § 17 BPolG
- Zustandsverantwortlicher gem. § 18 BPolG
- Adressat der Sicherstellung gem. § 47 Nr. 2 BPolG kann z. B. die Person sein, die ihre Geldbörse verloren hat.

Raum für eigene Notizen:

10.3 Sicherstellung nach § 47 Nr. 3 BPolG – bei Freiheitsentziehungen

Denkbares Fallbeispiel

- Die PVB nehmen einen gewalttätigen und angetrunkenen Fußballfan bei der Ankunft auf dem Bahnhof für die Dauer des Spiels in Gewahrsam (§ 39 BPolG). Bei der Durchsuchung wird ein Taschenmesser gefunden. Dieses wird (vorübergehend) sichergestellt.

1. Voraussetzung: Festhalten

Ein Festhalten gem. BPolG oder einer anderen Rechtsvorschrift (z. B. StPO). Dies bedeutet, gegenüber der festgehaltenen Person wurde eine Freiheitsentziehung verfügt.

2. Voraussetzung: Mitführen einer Sache

Wenn die Person unmittelbaren Zugriff darauf hat und jederzeit in der Lage ist, davon Gebrauch zu machen.

3. Voraussetzung: Verwendung der Sache

Die Sache kann verwendet werden. Eine konkrete Gefahr oder Gebrauchsabsicht muss nicht vorliegen. Die Sache muss nur geeignet erscheinen.

- sich zu töten oder zu verletzen
- Leben oder Gesundheit anderer zu schädigen
- fremde Sachen zu beschädigen
- sich oder anderen die Flucht zu ermöglichen oder zu erleichtern

Denkbarer Adressat:

- Der Adressat ergibt sich aus der Norm selbst, sog. Normadressat gem. § 20 II BPolG. Hier ist dies die Person, die festgehalten wird.

Raum für eigene Notizen:

Kapitel 2
Repressive Standardbefugnisse

1. Identitätsfeststellung

1.1 Beim Tatverdächtigen nach § 163 b I StPO

Gesetzestext (Auszug)

§ 163b StPO (Maßnahmen zur Identitätsfeststellung)

(1) Ist jemand einer Straftat verdächtig, so können die Staatsanwaltschaft und die Beamten des Polizeidienstes die zur Feststellung seiner Identität erforderlichen Maßnahmen treffen; § 163a Abs. 4 Satz 1 gilt entsprechend. Der Verdächtige darf festgehalten werden, wenn die Identität sonst nicht oder nur unter erheblichen Schwierigkeiten festgestellt werden kann. Unter den Voraussetzungen von Satz 2 sind auch die Durchsuchung der Person des Verdächtigen und der von ihm mitgeführten Sachen sowie die Durchführung erkennungsdienstlicher Maßnahmen zulässig.

[…]

Denkbares Beispiel aus dem bahnpolizeilichen Aufgabenbereich

- Eine männliche Person (P) schlägt am Bahnsteig mit der Faust gegen die Scheibe des Fahrplanaushanges. Dadurch entsteht an der Scheibe ein etwa 30 cm langer Riss. Der P entfernt sich anschließend vom Tatort. Die Streife stellt die Person und führt u. a. eine IDF durch.

1. Voraussetzung: Anfangsverdacht einer Straftat

Es liegen tatsächliche Anhaltspunkte i. S. d. § 152 II StPO vor, dass eine verfolgbare Straftat begangen wurde.

2. Voraussetzung: Tatverdächtiger

Tatverdächtiger einer Straftat ist jeder, der aufgrund tatsächlicher Anhaltspunkte, als Täter oder Teilnehmer einer Straftat in Betracht kommt.

Es kann durchaus passieren, dass eine tatverdächtige Person Angaben zur Person oder die Aushändigung des Ausweises verweigert. Gemäß § 163b I S. 2 StPO darf der Verdächtige dann festgehalten werden (auch die Mitnahme zur Dienststelle ist dann möglich), wenn die Identität nicht oder nur unter erheblichen Schwierigkeiten festgestellt werden kann. Unter diesen Voraussetzungen ist dann auch eine Durchsuchung der Person sowie mitgeführter Sachen zulässig (s. § 163b I S. 3 StPO).

Dazu folgende Übersicht:

IDF beim Tatverdächtigen (§ 163b I StPO)

Freiheitsbeschränkung

Normalfall: Anhalten, befragen, Ausweisdokument aushändigen lassen, ladungsfähige Adresse feststellen (Dauer ca. 10–15 Minuten).

↓

Zu prüfende Voraussetzungen:

Gemäß § 163b I S. 1 StPO
1. Tatverdacht, § 152 II StPO
2. Tatverdächtiger

Freiheitsentziehung

§ 163b I S. 2 StPO → Ist die **IDF nicht oder nur unter erheblichen Schwierigkeiten** möglich, dann liegt Festhalten vor = Freiheitsentziehung (d. h. die Identität kann nicht mit einfachen Mitteln festgestellt werden).

Bsp.: Verweigerung von Angaben zur Person bzw. der Aushändigung eines Ausweisdokumentes, Fälschungsmerkmale in vorgelegten Ausweispapieren, extreme Wetterverhältnisse [...].

↓

Zu prüfende Voraussetzungen:
1. Tatverdacht, § 152 II StPO
2. Tatverdächtiger
3. IDF nicht oder nur unter erheblichen Schwierigkeiten feststellbar

Unter diesen Voraussetzungen ist auch **DS** der Person / mitgeführter Sachen möglich → Ziel: IDF

3. Voraussetzung: Identität nicht oder nur unter erheblichen Schwierigkeiten feststellbar

Damit ist gemeint, dass die Identität eines Tatverdächtigen nicht mit einfachen Mitteln festgestellt werden kann. Erhebliche Schwierigkeiten können z. B. sein:

- Verhalten der Person (u. a. Widerstandshandlungen)
- Witterung, Lichtverhältnisse
- ungünstige Örtlichkeit der Kontrolle
- ein Anhalten und eine Durchsuchung haben nicht zum Ziel geführt
- Echtheit der Ausweisdokumente fraglich
- Störung durch Dritte

Hinweis für die Subsumtion: Je nach Sachverhaltsdarstellung muss auf die vorliegende Schwierigkeit eingegangen werden.

Denkbarer Adressat:

- Der Adressat ergibt sich bei repressiven Befugnissen stets aus der Norm selbst, sog. Normadressat. Adressat der IDF gem. § 163b I StPO ist der Straftatverdächtige.

Zu beachten ist, dass der (repressive) Normadressat nicht mit dem aus dem BPolG verwechselt wird. Auch die Zitierung des § 20 II BPolG ist unzulässig (und führt in Prüfungen zu Punktabzügen).

Raum für eigene Notizen:

1.2 Beim Unverdächtigen nach § 163 b II StPO

Gesetzestext (Auszug)

§ 163b StPO (Maßnahmen zur Identitätsfeststellung)

[...]

(2) Wenn und soweit dies zur Aufklärung einer Straftat geboten ist, kann auch die Identität einer Person festgestellt werden, die einer Straftat nicht verdächtig ist; § 69 Abs. 1 Satz 2 gilt entsprechend. Maßnahmen der in Absatz 1 Satz 2 bezeichneten Art dürfen nicht getroffen werden, wenn sie zur Bedeutung der Sache außer Verhältnis stehen; Maßnahmen der in Absatz 1 Satz 3 bezeichneten Art dürfen nicht gegen den Willen der betroffenen Person getroffen werden.

Denkbares Beispiel

- In Anlehnung an das Beispiel zu § 163b I StPO (s. o.). Eine unbeteiligte Person hat den Vorfall aus nächster Nähe beobachtet.

1. Voraussetzung: Anfangsverdacht einer Straftat

Es liegen tatsächliche Anhaltspunkte i. S. d. § 152 II StPO vor, dass eine verfolgbare Straftat begangen wurde.

2. Voraussetzung: Unverdächtiger

Alle Personen, gegen die sich ein Tatverdacht nicht richtet.[20]

---

20 Dazu zählen i. d. R. Zeugen, die Beobachtungen gemacht haben, aber auch Personen mit Schuld- oder Strafausschließungsgründen und Behörden oder juristische Personen.

3. Voraussetzung: Zur Aufklärung der Straftat geboten

Wenn konkrete Anhaltspunkte dafür vorliegen, dass die unverdächtige Person als Zeuge oder Augenscheinobjekt für das Strafverfahren benötigt wird.

Denkbarer Adressat:

- Der Adressat ergibt sich aus der Norm selbst, sog. Normadressat. Adressat der IDF gem. § 163 b II StPO ist der Unverdächtige.

Raum für eigene Notizen:

2. Durchsuchung

Gesetzestext (Auszug)

§ 102 StPO (Durchsuchung bei Beschuldigten)

Bei dem, welcher als Täter oder Teilnehmer einer Straftat oder der Datenhehlerei, Begünstigung, Strafvereitelung oder Hehlerei verdächtig ist, kann eine Durchsuchung der Wohnung und anderer Räume sowie seiner Person und der ihm gehörenden Sachen sowohl zum Zweck seiner Ergreifung als auch dann vorgenommen werden, wenn zu vermuten ist, dass die Durchsuchung zur Auffindung von Beweismitteln führen werde.

[...]

§ 105 StPO (Verfahren bei der Durchsuchung)

(1) Durchsuchungen dürfen nur durch den Richter, bei Gefahr im Verzug auch durch die Staatsanwaltschaft und ihre Ermittlungspersonen (§ 152 des Gerichtsverfassungsgesetzes) angeordnet werden. Durchsuchungen nach § 103 Abs. 1 Satz 2 ordnet der Richter an; die Staatsanwaltschaft ist hierzu befugt, wenn Gefahr im Verzug ist.

[...]

Denkbares Fallbeispiel

- Die Streife stellt eine Person fest, die gerade mit einer Lackspraydose einen Zug besprüht hat. Die Person führt einen Rucksack mit.

1. Voraussetzung: Anfangsverdacht einer Straftat

Es liegen tatsächliche Anhaltspunkte i. S. d. § 152 II StPO vor, dass eine verfolgbare Straftat begangen wurde.

2. Voraussetzung: Tatverdächtiger

Tatverdächtiger einer Straftat ist jeder, der aufgrund tatsächlicher Anhaltspunkte, als Täter oder Teilnehmer einer Straftat in Betracht kommt.

3. Voraussetzung: Durchsuchungsobjekt

- Person
- Sache

  Dem Täter gehörende Sachen (Besitz, Gewahrsam bzw. Mitgewahrsam sind bereits ausreichend).
- Wohnung

  Unter dem Begriff Wohnung versteht man Räumlichkeiten, deren Hauptzweck darin besteht, Menschen zum ständigen Aufenthalt zu dienen und in denen diese sich tatsächlich aufhalten oder die sie tatsächlich nutzen.
- Andere Räume

  sind Räumlichkeiten, die von der Person – wenn auch nur gelegentlich – benutzt oder mitbenutzt werden, ohne dass sie darin ihren Lebensmittelpunkt hat (z.B. Arbeits-, Betriebs- und Geschäftsräume).
- Gebäude

  Ein Gebäude ist eine räumlich abgegrenzte, selbständige bauliche Einheit, die den Eintritt von Menschen ermöglicht und geeignet und bestimmt ist, dem Schutz von Menschen und Sachen zu dienen und Unbefugte fernzuhalten.

Hinweis: Der Schwerpunkt liegt im 1. Dienstjahr auf der Personendurchsuchung einschließlich mitgeführter Sachen.

4. Voraussetzung: Durchsuchungszweck

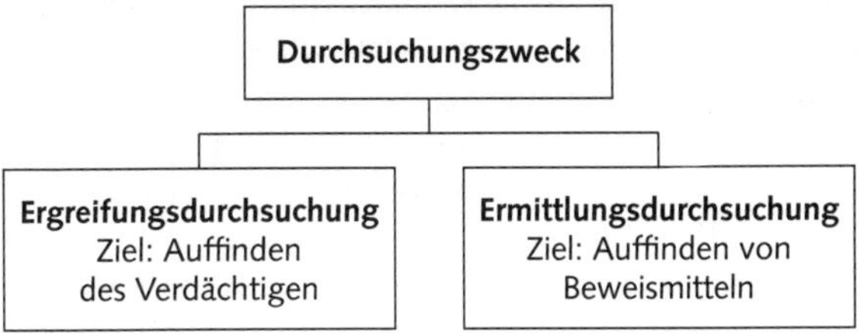

Ergreifungsdurchsuchung (Ziel: Auffinden des Verdächtigen)

Die Ergreifungsdurchsuchung dient grundsätzlich dem Ziel, eine nach anderen Vorschriften zulässige Ergreifung des Tatverdächtigen zu ermöglichen.

oder/und (je nach SV)

Ermittlungsdurchsuchung (Ziel: Auffinden von Beweismitteln)[21]

Beweismittel sind alle beweglichen und unbeweglichen Sachen, welche unmittelbar oder mittelbar für die Tat oder die Umstände ihrer Begehung Beweis erbringen.

Hinweis: Der Schwerpunkt liegt im 1. Dienstjahr auf der Ermittlungsdurchsuchung, um Beweismittel zu finden.

5. Voraussetzung: Erfolgsvermutung

Eine Erfolgsvermutung liegt vor, wenn tatsächliche Anhaltspunkte dafürsprechen, das Ziel der Durchsuchung, hier die Ergreifung des Verdächtigen oder das Auffinden von Beweismitteln zu erreichen.

---

21 Dient zur Sicherstellung der Wahrheitsfindung im Strafverfahren und dem Auffinden und Sichern von Beweisen und beweiserheblichen Spuren.

6. Voraussetzung: Anordnungsbefugnis[22]

Gemäß § 105 I StPO bedarf es grundsätzlich der Anordnung durch den Richter. Es sei denn, es liegt Gefahr im Verzug vor.

Gefahr im Verzug liegt dann vor, wenn auf eine richterliche Entscheidung nicht gewartet werden kann, weil zu befürchten ist, dass der Zweck der Maßnahme in der Zwischenzeit ernsthaft gefährdet oder gar vereitelt würde.

Dann darf auch der Ermittlungsbeamte der StA die Anordnung treffen.

Ermittlungspersonen der StA sind gem. § 12 V BPolG Polizeivollzugsbeamte der Bundespolizei, die dem Polizeivollzugsdienst mindestens vier Jahre angehören.

Denkbarer Adressat:

- Der Adressat ergibt sich aus der Norm selbst, sog. Normadressat. Adressat der hier dargestellten Durchsuchung gem. § 102 StPO ist der Straftatverdächtige.

Raum für eigene Notizen:

22 Die Anordnungsbefugnis stellt eigentlich eine Formvorschrift dar. Jedoch spielt die Anordnungsbefugnis für den PVB eine derart herausragende Rolle, dass diese bereits in der Befugnis geprüft wird.

3. Beschlagnahme von Beweismitteln

Gesetzestext (Auszug)

§ 94 StPO (Sicherstellung und Beschlagnahme von Gegenständen zu Beweiszwecken)

(1) Gegenstände, die als Beweismittel für die Untersuchung von Bedeutung sein können, sind in Verwahrung zu nehmen oder in anderer Weise sicherzustellen.

(2) Befinden sich die Gegenstände in dem Gewahrsam einer Person und werden sie nicht freiwillig herausgegeben, so bedarf es der Beschlagnahme.

[...]

§ 98 StPO (Verfahren bei der Beschlagnahme)

(1) Beschlagnahmen dürfen nur durch das Gericht, bei Gefahr im Verzug auch durch die Staatsanwaltschaft und ihre Ermittlungspersonen (§ 152 des Gerichtsverfassungsgesetzes) angeordnet werden. Die Beschlagnahme nach § 97 Abs. 5 Satz 2 in den Räumen einer Redaktion, eines Verlages, einer Druckerei oder einer Rundfunkanstalt darf nur durch das Gericht angeordnet werden.

(2) Der Beamte, der einen Gegenstand ohne gerichtliche Anordnung beschlagnahmt hat, soll binnen drei Tagen die gerichtliche Bestätigung beantragen, wenn bei der Beschlagnahme weder der davon Betroffene noch ein erwachsener Angehöriger anwesend war oder wenn der Betroffene und im Falle seiner Abwesenheit ein erwachsener Angehöriger des Betroffenen gegen die Beschlagnahme ausdrücklichen Widerspruch erhoben hat. Der Betroffene kann jederzeit die gerichtliche Entscheidung beantragen. Die Zuständigkeit des Gerichts bestimmt sich nach § 162. Der Betroffene kann den Antrag auch bei dem Amtsgericht einreichen, in dessen Bezirk die Beschlagnahme stattgefunden hat; dieses leitet den Antrag dem zuständigen Gericht zu. Der Betroffene ist über seine Rechte zu belehren.

[...]

Zunächst ein Überblick

Die *Sicherstellung* von Beweismitteln kann erfolgen …

… ohne **förmliche Beschlagnahme**	… mit **förmlicher Beschlagnahme**
Sicherstellung (§ 94 I) Sie ist eine spezielle Form der Verfügungsgewalt, die als nichtförmliche Maßnahme dann in Betracht kommt, falls der Gegenstand ▪ **vom Gewahrsamsinhaber** freiwillig **herausgegeben wird oder** ▪ **sich** nicht im Gewahrsam **einer Person befindet bzw. diese nicht bekannt ist (herrenlose Sache).**	**Beschlagnahme (§ 94 II)** Sie ist die zwangsweise Sicherstellung, die als förmliche Maßnahme notwendig wird, wenn die Person den Gegenstand ▪ im Gewahrsam **hat und** ▪ nicht freiwillig **zur Verfügung stellt.**

In beiden Fällen der Sicherstellung erfolgt eine behördliche Inverwahrungnahme der Gegenstände (Asservate), aus der zwischen dem Staat und dem Betroffenen ein öffentlich-rechtliches Verwahrungsverhältnis entsteht.

3.1 Sicherstellung nach § 94 I StPO

Denkbares Fallbeispiel

- Ein Bürger übergibt den Beamten sein Mobiltelefon, nachdem er einen Jugendlichen beim Aufbruch eines FAA gefilmt hat.

1. Voraussetzung: Anfangsverdacht einer Straftat

Es liegen tatsächliche Anhaltspunkte i. S. d. § 152 II StPO vor, dass eine verfolgbare Straftat begangen wurde.

2. Voraussetzung: Beweismittel

Sind alle beweglichen und unbeweglichen Sachen, die unmittelbar oder mittelbar für die Tat oder die Umstände ihrer Begehung Beweis erbringen.

3. Voraussetzung: Sicherstellungspflicht

Hier genügt ein kurzer Hinweis, dass eine Sicherstellungspflicht besteht.

4. Voraussetzung: Gewahrsamslos oder freiwillige Herausgabe

Gewahrsamslos ist ein Gegenstand, wenn niemand die tatsächliche Sachherrschaft darüber ausübt.

Die Freiwilligkeit liegt vor, wenn der Gewahrsamsinhaber weiß, dass eine Pflicht zur Herausgabe nicht besteht.

Denkbarer Adressat:

- Der Adressat ergibt sich aus der Norm selbst, sog. Normadressat. Adressat der (einfachen) Sicherstellung ist die Person, in deren

Gewahrsam sich der Beweisgegenstand befindet. Das können auch schuldunfähige Personen sowie andere Personen sein, gegen die ein Strafverfahren nicht betrieben wird.

Raum für eigene Notizen:

3.2 Beschlagnahme nach §§ 94 I, II, 98 StPO

Denkbares Fallbeispiel

- Eine männliche Person (P) besprüht am Bahnsteig gerade die Außenwand eines Fahrausweisautomaten (FAA) mit einer Spraydose. Die PVB können die Person stellen und treffen nun alle erforderlichen polizeilichen und strafprozessualen Maßnahmen.

1. Voraussetzung: Anfangsverdacht einer Straftat

Es liegen tatsächliche Anhaltspunkte i. S. d. § 152 II StPO vor, dass eine verfolgbare Straftat begangen wurde.

2. Voraussetzung: Beweismittel

Sind alle beweglichen und unbeweglichen Sachen, die unmittelbar oder mittelbar für die Tat oder die Umstände ihrer Begehung Beweis erbringen.

3. Voraussetzung: Sicherstellungspflicht

Hier genügt ein kurzer Hinweis, dass eine Sicherstellungspflicht besteht.

4. Voraussetzung: Gegenstand im Gewahrsam einer Person

Gewahrsam ist die tatsächliche Sachherrschaft einer Person über eine Sache.

5. Voraussetzung: Keine freiwillige Herausgabe

Ein Gegenstand wird nicht freiwillig herausgegeben, wenn die Herausgabe weder aus eigenem Antrieb, noch stillschweigend mit innerer Bereitschaft erfolgt.

6. Voraussetzung: Anordnungsbefugnis[23]

Gemäß § 98 I StPO bedarf es grundsätzlich der Anordnung durch den Richter. Es sei denn, es liegt Gefahr im Verzug vor.

Gefahr im Verzug liegt dann vor, wenn auf eine richterliche Entscheidung nicht gewartet werden kann, weil zu befürchten ist, dass der Zweck der Maßnahme in der Zwischenzeit ernsthaft gefährdet oder gar vereitelt würde.

Dann darf auch der Ermittlungsbeamte der StA die Anordnung treffen.

Ermittlungspersonen der StA sind gem. § 12 V BPolG Polizeivollzugsbeamte der Bundespolizei, die dem Polizeivollzugsdienst mindestens vier Jahre angehören.

Denkbarer Adressat:

- Der Adressat ergibt sich aus der Norm selbst, sog. Normadressat. Adressat der Beschlagnahme ist die Person, in deren Gewahrsam sich der Beweisgegenstand befindet. Das können auch schuldunfähige Personen sowie andere Personen sein, gegen die ein Strafverfahren nicht betrieben wird.

Raum für eigene Notizen:

23 Die Anordnungsbefugnis stellt eigentlich eine Formvorschrift dar. Jedoch spielt die Anordnungsbefugnis für den PVB eine derart herausragende Rolle, dass diese bereits bei der Befugnis geprüft wird.

4. Vorläufige Festnahme

Gesetzestext (Auszug)

§ 127 StPO (Vorläufige Festnahme)

(1) Wird jemand auf frischer Tat betroffen oder verfolgt, so ist, wenn er der Flucht verdächtig ist oder seine Identität nicht sofort festgestellt werden kann, jedermann befugt, ihn auch ohne richterliche Anordnung vorläufig festzunehmen. Die Feststellung der Identität einer Person durch die Staatsanwaltschaft oder die Beamten des Polizeidienstes bestimmt sich nach § 163b Abs. 1.

(2) Die Staatsanwaltschaft und die Beamten des Polizeidienstes sind bei Gefahr im Verzug auch dann zur vorläufigen Festnahme befugt, wenn die Voraussetzungen eines Haftbefehls oder eines Unterbringungsbefehls vorliegen.

[...]

§ 112 StPO (Voraussetzungen der Untersuchungshaft; Haftgründe)

(1) Die Untersuchungshaft darf gegen den Beschuldigten angeordnet werden, wenn er der Tat dringend verdächtig ist und ein Haftgrund besteht. Sie darf nicht angeordnet werden, wenn sie zu der Bedeutung der Sache und der zu erwartenden Strafe oder Maßregel der Besserung und Sicherung außer Verhältnis steht.

(2) Ein Haftgrund besteht, wenn auf Grund bestimmter Tatsachen

1. festgestellt wird, dass der Beschuldigte flüchtig ist oder sich verborgen hält,
2. bei Würdigung der Umstände des Einzelfalles die Gefahr besteht, dass der Beschuldigte sich dem Strafverfahren entziehen werde (Fluchtgefahr),

   oder
3. das Verhalten des Beschuldigten den dringenden Verdacht begründet, er werde
   a) Beweismittel vernichten, verändern, beiseite schaffen, unterdrücken oder fälschen

oder

b) auf Mitbeschuldigte, Zeugen oder Sachverständige in unlauterer Weise einwirken

oder

c) andere zu solchem Verhalten veranlassen, und wenn deshalb die Gefahr droht, dass die Ermittlung der Wahrheit erschwert werde (Verdunkelungsgefahr).

(3) Gegen den Beschuldigten, der einer Straftat nach § 6 Absatz 1 Nummer 1 oder § 13 Absatz 1 des Völkerstrafgesetzbuches oder § 129a Abs. 1 oder Abs. 2, auch in Verbindung mit § 129b Abs. 1, oder nach den §§ 211, 212, 226, 306b oder 306c des Strafgesetzbuches oder, soweit durch die Tat Leib oder Leben eines anderen gefährdet worden ist, nach § 308 Abs. 1 bis 3 des Strafgesetzbuches dringend verdächtig ist, darf die Untersuchungshaft auch angeordnet werden, wenn ein Haftgrund nach Absatz 2 nicht besteht.

§ 112a StPO (Haftgrund der Wiederholungsgefahr)

(1) Ein Haftgrund besteht auch, wenn der Beschuldigte dringend verdächtig ist,

1. eine Straftat nach den §§ 174, 174a, 176 bis 178 oder nach § 238 Abs. 2 und 3 des Strafgesetzbuches

   oder

2. wiederholt oder fortgesetzt eine die Rechtsordnung schwerwiegend beeinträchtigende Straftat nach den §§ 89a, 89c Absatz 1 bis 4, nach § 125a, nach den §§ 224 bis 227, nach den §§ 243, 244, 249 bis 255, 260, nach § 263, nach den §§ 306 bis 306c oder § 316a des Strafgesetzbuches oder nach § 29 Absatz 1 Satz 1 Nummer 1, 10 oder Abs. 3, § 29a Abs. 1, § 30 Abs. 1, § 30a Abs. 1 des Betäubungsmittelgesetzes oder nach § 4 Absatz 3 Nummer 1 Buchstabe a des Neue-psychoaktive-Stoffe-Gesetzes

begangen zu haben, und bestimmte Tatsachen die Gefahr begründen, dass er vor rechtskräftiger Aburteilung weitere erhebliche Straftaten gleicher Art begehen oder die Straftat fortsetzen werde, die Haft zur Abwendung der drohenden Gefahr erforderlich und in den Fällen der Nummer 2 eine Freiheitsstrafe von mehr als einem Jahr zu erwarten ist.

In die Beurteilung des dringenden Verdachts einer Tatbegehung im Sinne des Satzes 1 Nummer 2 sind auch solche Taten einzubeziehen, die Gegenstand anderer, auch rechtskräftig abgeschlossener, Verfahren sind oder waren.

(2) Absatz 1 findet keine Anwendung, wenn die Voraussetzungen für den Erlass eines Haftbefehls nach § 112 vorliegen und die Voraussetzungen für die Aussetzung des Vollzugs des Haftbefehls nach § 116 Abs. 1, 2 nicht gegeben sind.

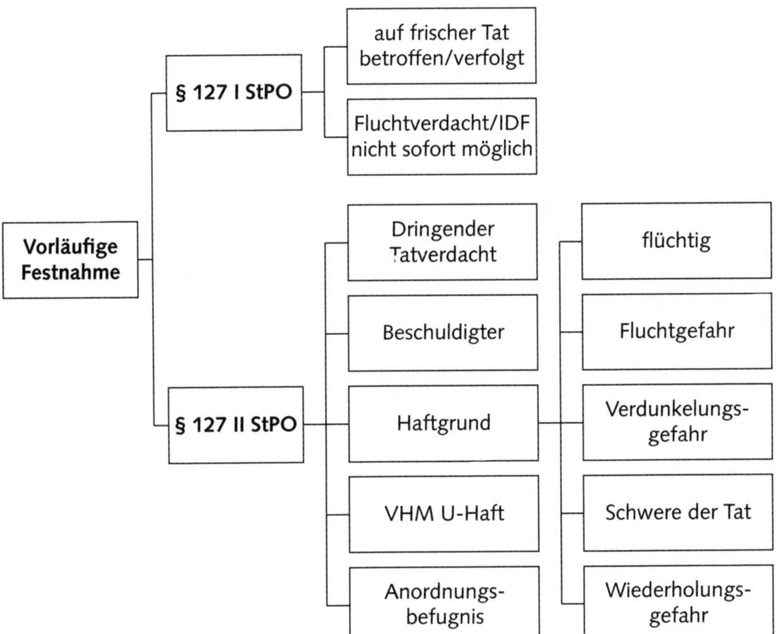

4.1 Festnahmerecht für jedermann nach § 127 I StPO

Denkbares Fallbeispiel

- Ein auf frischer Tat betroffener Graffiti-Sprayer ergreift nach Eintreffen der Streife die Flucht. Nach kurzer Wegstrecke kann die Person durch den PVB gestoppt und festgenommen werden.

1. Voraussetzung: auf frischer Tat betroffen oder verfolgt

Auf frischer Tat betroffen

Auf frischer Tat[24] betroffen ist, wer bei Begehung der Tat oder unmittelbar danach am Tatort oder in dessen unmittelbarer Nähe gestellt wird.

oder

Auf frischer Tat verfolgt

Auf frischer Tat[25] verfolgt ist, wer noch am Tatort angetroffen und nach Ergreifung der Flucht sofort verfolgt wird.

2. Voraussetzung: Fluchtverdacht oder Identität kann nicht sofort festgestellt werden

Fluchtverdacht

Fluchtverdacht liegt vor, wenn die Annahme gerechtfertigt erscheint, dass der Täter sich der Strafverfolgung entziehen wird.

oder

---

24 Tat meint hier einen begründeten Anfangsverdacht einer Straftat i. S. d. § 152 II StPO.

25 Tat meint hier einen begründeten Anfangsverdacht einer Straftat i. S. d. § 152 II StPO.

Identität kann nicht sofort festgestellt werden[26]

Eine Identitätsfeststellung ist nicht sofort möglich, weil der Täter die Personalienangabe verweigert oder diese Angaben unglaubwürdig sind oder er keine Ausweisdokumente mitführt.

Denkbarer Adressat:

- Der Adressat ergibt sich aus der Norm selbst, sog. Normadressat. Adressat der vorl. Festnahme gem. § 127 I StPO ist die Person, die bei einer Straftat auf frischer Tat betroffen oder verfolgt ist.

Raum für eigene Notizen:

26 Diese Variante stellt keine Befugnis für PVB dar, vielmehr müssen für den PVB die Voraussetzungen des § 163b I StPO, um eine Person zum Zwecke der IDF festzuhalten, vorliegen.

4.2 Vorläufige Festnahme nach § 127 II StPO i. V. m. § 112 ff. StPO

Denkbares Fallbeispiel

- Im 30 km-Grenzbereich wird ein LKW kontrolliert. Es handelt sich um ein Kühlfahrzeug. Auf der Ladefläche werden fünf syrische Staatsangehörige festgestellt, die an erheblicher Unterkühlung leiden. Der Fahrer ist russischer Staatsangehöriger und besitzt neben seinem Pass ein abgelaufenes Schengen-Visum der Kategorie C. Er handelte als Teil einer in Tschechien operierenden Schleuserbande.

1. Voraussetzung: Dringender Tatverdacht (Tat)

Ein dringender Tatverdacht liegt vor, wenn aufgrund von Tatsachen die Wahrscheinlichkeit groß ist, dass die Person eine bestimmte Straftat begangen hat und somit Beschuldigter ist.

2. Voraussetzung: Beschuldigter (Person)

Jede Person, gegen die aufgrund tatsächlicher Anhaltspunkte mit dem Ziel der Anzeigenerstattung ermittelt wird.

3. Voraussetzung: Vorliegen eines Haftgrundes i. S. d. § 112 II StPO[27]

§ 112 II Nr. 1 StPO

flüchtig

Flüchtig ist, wer seinen Wohnsitz aufgibt, ohne einen neuen zu beziehen, oder sich ins Ausland absetzt, um sich der zu erwartenden Strafe zu entziehen.

---

27 Es genügt, wenn jeweils ein Haftgrund i. S. d. §§ 112 II, 112a StPO vorliegt.

oder

verborgen hält

Verborgen hält sich, wer sich dem Strafverfahren entziehen will und deshalb unangemeldet, unter falscher Identität oder an einem unbekannten Ort lebt.

oder

§ 112 II Nr. 2 StPO

Fluchtgefahr

Fluchtgefahr liegt vor, wenn bestimmte Tatsachen die Gefahr begründen, dass sich der Beschuldigte dem Strafverfahren durch Flucht entziehen wird.

oder

§ 112 II Nr. 3 StPO

Verdunkelungsgefahr

Verdunkelungsgefahr gründet sich auf bestimmte Tatsachen, wenn das Verhalten des Beschuldigten den dringenden Verdacht begründet, dass durch aktive Handlungen auf sachliche oder persönliche Beweismittel eingewirkt werden wird, um die Ermittlung der Wahrheit zu erschweren.

oder

§ 112 III StPO

Schwere der Tat

Es muss eine Tat i. S. d. § 112 III StPO vorliegen.

oder

§ 112a StPO

Wiederholungsgefahr

Es besteht die Gefahr, dass der Beschuldigte weitere erhebliche Straftaten gleicher Art begeht oder diese Tat fortsetzt.

4. Voraussetzung: Verhältnismäßigkeit (Angemessenheit) der U-Haft

Das Verhältnis zwischen der Bedeutung der Strafsache und der Strafandrohung darf nicht außer Verhältnis zum Eingriff in die Lebenssphäre des Beschuldigten stehen.

5. Voraussetzung: Anordnungsbefugnis[28]

Gefahr im Verzug liegt dann vor, wenn auf eine richterliche Entscheidung nicht gewartet werden kann, weil zu befürchten ist, dass der Zweck der Maßnahme in der Zwischenzeit ernsthaft gefährdet oder gar vereitelt würde.

Dann sind auch die Beamten des Polizeidienstes zu vorläufigen Festnahme befugt (Die Eigenschaft einer Ermittlungsperson der Staatsanwaltschaft ist nicht notwendig).

Denkbarer Adressat:

- Der Adressat ergibt sich aus der Norm selbst, sog. Normadressat. Adressat der vorl. Festnahme gem. § 127 II StPO ist der Beschuldigte.

Raum für eigene Notizen:

---

28 Die Anordnungsbefugnis stellt eigentlich eine Formvorschrift dar. Jedoch spielt die Anordnungsbefugnis für den PVB eine derart herausragende Rolle, dass diese bereits in der Befugnis geprüft wird.

Kapitel 3
Straftaten

1. Sachbeschädigung

Gesetzestext

§ 303 StGB (Sachbeschädigung)

(1) Wer rechtswidrig eine fremde Sache beschädigt oder zerstört, wird mit Freiheitsstrafe bis zu zwei Jahren oder mit Geldstrafe bestraft.

(2) Ebenso wird bestraft, wer unbefugt das Erscheinungsbild einer fremden Sache nicht nur unerheblich und nicht nur vorübergehend verändert.

(3) Der Versuch ist strafbar.

Einordnung des Delikts

Geschütztes Rechtsgut:	Eigentum
Deliktscharakter:	Vergehen
Deliktsart:	Relatives Antragsdelikt, s. § 303c StGB
Versuch:	Strafbar gem. § 303 III StGB
Rechtsfolge:	Freiheitsstrafe bis zu 2 Jahren oder mit Geldstrafe

Klarstellende Hinweise zur fahrlässigen Sachbeschädigung

Nur die vorsätzliche Sachbeschädigung ist strafbar. Eine fahrlässige Begehung ist zwar denkbar, aber eben nicht mit Strafe bedroht (s. § 15 StGB[29]). Wenn zum Beispiel ein Bahnreisender aus Versehen Kaffee auf das Notebook eines anderen Reisenden verschüttet, so

29 § 15 StGB: Strafbar ist nur vorsätzliches Handeln, wenn nicht das Gesetz fahrlässiges Handeln ausdrücklich mit Strafe bedroht.

kann der Geschädigte den Schaden (lediglich) zivilrechtlich geltend machen und einklagen, s. § 823 BGB.

1.1 Einfache Sachbeschädigung

Denkbares Fallbeispiel

- Anton Randale steht in der Bahnhofshalle des Hamburger Hauptbahnhofes und wirft mit einer Flasche Bier die Scheibe eines Geschäfts ein.

1. TBM[30]: Sache

Eine Sache i. S. d. § 90 BGB ist jeder körperliche Gegenstand, unabhängig von seinem Aggregatzustand.

2. TBM: Fremd

Fremd ist eine Sache, wenn sie nicht im Alleineigentum des Täters steht und nicht herrenlos ist.

3. TBM: Beschädigt oder zerstört

Beschädigen

- ist die Einwirkung, die zu einer nicht unerheblichen Substanzverletzung oder Funktionsbeeinträchtigung führt.

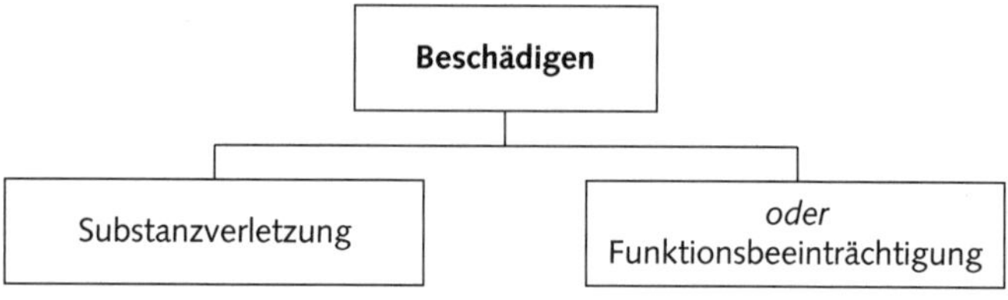

30 = Tatbestandsmerkmal.

– Substanzverletzung

Die Substanz wird verletzt, wenn auf die Materie eingewirkt wird.

oder

Funktionsbeeinträchtigung

Die Funktion ist beeinträchtigt, wenn die Gebrauchsfähigkeit einer Sache verändert oder vereitelt wird.

oder

Zerstören

ist die völlige Aufhebung der Gebrauchsfähigkeit einer Sache.

Raum für eigene Notizen:

1.2 Sachbeschädigung („Graffiti")

Denkbares Fallbeispiel

- Zwei Jugendliche besprühen mit schwarzer Lackfarbe die Außenwand des Bahnhofs Hamburg-Altona.

1. TBM: Sache

Eine Sache i. S. d. § 90 BGB ist jeder körperliche Gegenstand, unabhängig von seinem Aggregatzustand.

2. TBM: Fremd

Fremd ist eine Sache, wenn sie nicht im Alleineigentum des Täters steht und nicht herrenlos ist.

3. TBM: Veränderung des Erscheinungsbildes

Erscheinungsbild

Das Erscheinungsbild umfasst das äußere Aussehen einer Sache und schützt somit den Gestaltungswillen des Inhabers.

Verändern

Verändert ist das Erscheinungsbild der Sache, wenn diese anders aussieht als vorher.

4. TBM: nicht nur unerheblich

Nicht nur unerheblich verändert sind Sachen, wenn unmittelbar auf deren Substanz eingewirkt wurde.

5. TBM: nicht nur vorübergehend

Nicht nur vorübergehend sind Veränderungen, wenn diese nicht ohne nennenswerten Zeitaufwand oder Mühe oder Kosten wieder behebbar sind. Eine gewisse Dauerhaftigkeit der Veränderung muss vorliegen.

6. TBM: unbefugt

Unbefugt ist eine Veränderung, wenn keine Erlaubnis oder Beauftragung durch einen Berechtigten oder einer berechtigten Stelle vorliegt.

Raum für eigene Notizen:

1.3 Gemeinschädliche Sachbeschädigung

Gesetzestext

§ 304 StGB (Sachbeschädigung)

(1) Wer rechtswidrig Gegenstände der Verehrung einer im Staat bestehenden Religionsgesellschaft oder Sachen, die dem Gottesdienst gewidmet sind, oder Grabmäler, öffentliche Denkmäler, Naturdenkmäler, Gegenstände der Kunst, der Wissenschaft oder des Gewerbes, welche in öffentlichen Sammlungen aufbewahrt werden oder öffentlich aufgestellt sind, oder Gegenstände, welche zum öffentlichen Nutzen oder zur Verschönerung öffentlicher Wege, Plätze oder Anlagen dienen, beschädigt oder zerstört, wird mit Freiheitsstrafe bis zu drei Jahren oder mit Geldstrafe bestraft.

(2) Ebenso wird bestraft, wer unbefugt das Erscheinungsbild einer in Absatz 1 bezeichneten Sache oder eines dort bezeichneten Gegenstandes nicht nur unerheblich und nicht nur vorübergehend verändert.[31]

(3) Der Versuch ist strafbar.

Denkbares Fallbeispiel

- X ist wütend, dass die DB AG schon wieder die Fahrpreise erhöht hat. Daher nimmt er zur heutigen Zugfahrt sein Taschenmesser mit und hackt damit auf das Display des am Bahnsteig befindlichen Fahrausweisautomaten ein. Das Display ist derart zerkratzt, dass es nicht mehr möglich ist, einen Fahrausweis zu erhalten.

1. TBM: Gemeinschaftsgut mit öffentlichem Nutzen[32]

Ein öffentlicher Nutzen liegt vor, wenn der Gegenstand im Rahmen seiner Zweckbestimmung der Allgemeinheit unmittelbar zugutekommt.

---

31 Für § 304 II StGB siehe § 303 II StGB, jedoch muss die fremde Sache durch einen Gegenstand mit öffentlichem Nutzen ersetzt werden.

32 Die anderen genannten Gegenstände in § 304 I StGB dürften für die BPOL i. d. R. nur von untergeordneter Bedeutung sein.

2. TBM: Beschädigt oder zerstört[33]

Beschädigen

ist die Einwirkung, die zu einer nicht unerheblichen Substanzverletzung oder Funktionsbeeinträchtigung führt.

Substanzverletzung

Die Substanz wird verletzt, wenn auf die Materie eingewirkt wird.

oder

Funktionsbeeinträchtigung

Die Funktion ist beeinträchtigt, wenn die Gebrauchsfähigkeit einer Sache verändert oder vereitelt wird.

oder

Zerstören

ist die völlige Aufhebung der Gebrauchsfähigkeit einer Sache.

Raum für eigene Notizen:

33 Das Beschädigen oder Zerstören muss als finales Ziel beinhalten den öffentlichen Nutzen zu beeinträchtigen bzw. zu beseitigen.

2. Hausfriedensbruch

Gesetzestext

§ 123 StGB (Hausfriedensbruch)

(1) Wer in die Wohnung, in die Geschäftsräume oder in das befriedete Besitztum eines anderen oder in abgeschlossene Räume, welche zum öffentlichen Dienst oder Verkehr bestimmt sind, widerrechtlich eindringt, oder wer, wenn er ohne Befugnis darin verweilt, auf die Aufforderung des Berechtigten sich nicht entfernt, wird mit Freiheitsstrafe bis zu einem Jahr oder mit Geldstrafe bestraft.

(2) Die Tat wird nur auf Antrag verfolgt.

Einordnung des Delikts

Geschütztes Rechtsgut:	Hausrecht
Deliktscharakter:	Vergehen
Deliktsart:	Absolutes Antragsdelikt, s. § 123 II StGB
Versuch:	Versuch ist nicht strafbar
Rechtsfolge:	Freiheitsstrafe bis zu 1 Jahr oder mit Geldstrafe

Denkbares Fallbeispiel

- Der bahnhofsbekannte P hat vor vier Wochen ein schriftliches Hausverbot für den Hamburger Hauptbahnhof von der DB Sicherheit erhalten. Trotz dieses Hausverbots hält sich der P, ohne erkennbare Reiseabsichten, wieder im Hamburger Hauptbahnhof auf.

1. TBM: Diverse Tatobjekte (je nach Sachverhalt)

Beachte die und- bzw. oder-Verknüpfung bei den Tatobjekten. Der Hauptanwendungsfall für die BPOL sollte beim Tatobjekt „Abgeschlossener Raum, welcher zum öffentlichen Verkehr bestimmt ist“ liegen.

Wohnung

Dies sind Räumlichkeiten, deren Hauptzweck darin besteht, Menschen als Unterkunft zu dienen, einschließlich der Nebenräume.

oder

Geschäftsräume

Dies sind Räumlichkeiten, die für den Geschäftsbetrieb bestimmt sind.

oder

Befriedetes Besitztum

Ein Bereich, der nach außen erkennbar, durch zusammenhängende Schutzwehren, gegen unbefugtes Betreten abgegrenzt ist.

oder

Abgeschlossener Raum

Ein abgeschlossener Raum ist gegeben, wenn er in einer dem befriedeten Besitztum entsprechenden Weise geschützt ist.

und

Zum öffentlichen Verkehr bestimmt ist

Zum öffentlichen Verkehr bestimmt sind Räume, wenn sie der Allgemeinheit zugängliche Räume für den Personen- und Güterverkehr sind.

oder

Zum öffentlichen Dienst bestimmt ist

Zum öffentlichen Dienst bestimmt sind Räume, wenn in ihm bestimmungsgemäß Tätigkeiten nach öffentlich-rechtlichen Vorschriften wahrgenommen werden.

2. TBM: Eindringen oder trotz Aufforderung sich nicht entfernen

Eindringen

Eindringen ist das Betreten des geschützten Raumes gegen den Willen des Berechtigten, und zwar ganz oder mit einem Teil des Körpers.

oder

Trotz Aufforderung sich nicht entfernen

Täter muss die Räumlichkeit zuerst befugt betreten haben und verlässt diese dann trotz Aufforderung nicht.

Raum für eigene Notizen:

3. (Einfacher) Diebstahl

Gesetzestext

§ 242 StGB (Diebstahl)

(1) Wer eine fremde bewegliche Sache einem anderen in der Absicht wegnimmt, die Sache sich oder einem Dritten rechtswidrig zuzueignen, wird mit Freiheitsstrafe bis zu fünf Jahren oder mit Geldstrafe bestraft.

(2) Der Versuch ist strafbar.

Einordnung des Delikts

Geschütztes Rechtsgut:	Eigentum
Deliktscharakter:	Vergehen
Deliktsart:	Grundsätzlich Offizialdelikt, Ausnahme: §§ 247, 248a StGB
Versuch:	Strafbar gem. § 242 II StGB
Rechtsfolge:	Freiheitsstrafe bis zu 5 Jahren oder mit Geldstrafe

Denkbares Fallbeispiel

- Der T entwendet einer älteren Dame an einem Bahnsteig des Hamburger Hauptbahnhofes die Handtasche und flieht.

1. TBM: Sache

Eine Sache i. S. d. § 90 BGB ist jeder körperliche Gegenstand, unabhängig von seinem Aggregatzustand.

2. TBM: Fremd

Fremd ist eine Sache, wenn sie nicht im Alleineigentum des Täters steht und nicht herrenlos ist.

3. TBM: Beweglich

Beweglich ist eine Sache, wenn diese tatsächlich fortgeschafft werden kann.

4. TBM: Wegnahme

Wegnahme ist der **Bruch** fremden und die **Begründung** neuen **Gewahrsams**.

Hinweis: Es sind nun folgende drei Merkmale zu prüfen.

Gewahrsam

ist die vom Herrschaftswillen getragene tatsächliche Sachherrschaft über die Sache.

Bruch fremden Gewahrsams

ist die Aufhebung der tatsächlichen Sachherrschaft ohne Zustimmung des bisherigen Inhabers.

Begründung neuen Gewahrsams

liegt vor, wenn der Täter die Sachherrschaft derart erlangt hat, dass er sie ungehindert ausüben kann.

5. TBM: Absicht rechtswidriger Zueignung

Die Zueignungsabsicht ist die Absicht des Täters, den Eigentümer einer Sache zu enteignen und sich selbst oder einem Dritten die Sache anzueignen.

Hinweis: Es sind nun folgende drei Merkmale zu prüfen.

Enteignungswille

liegt vor, wenn der Täter zumindest billigend in Kauf nimmt, dass der Eigentümer auf Dauer von der Sache ausgeschlossen wird.

Aneignungsabsicht

Hierbei kommt es dem Täter darauf an, sich (oder einen Dritten) zumindest vorübergehend an die Position des Eigentümers zu setzen, um die Sache beliebig – insbesondere wirtschaftlich – nutzen zu können.

Rechtswidrigkeit der Zueignung

Rechtswidrig ist die Zueignung dann, wenn sie der materiellen Eigentumsordnung widerspricht und der Täter keinen Rechtsanspruch zur Zueignung hat.

Raum für eigene Notizen:

4. Körperverletzung

4.1 Einfache Körperverletzung

Gesetzestext

§ 223 StGB (Körperverletzung)

(1) Wer eine andere Person körperlich mißhandelt oder an der Gesundheit schädigt, wird mit Freiheitsstrafe bis zu fünf Jahren oder mit Geldstrafe bestraft.

(2) Der Versuch ist strafbar.

Einordnung des Delikts

Geschütztes Rechtsgut:	Körperliche Unversehrtheit
Deliktscharakter:	Vergehen
Deliktsart:	Relatives Antragsdelikt, s. § 230 I StGB
Versuch:	Strafbar gem. § 223 II StGB
Rechtsfolge:	Freiheitsstrafe bis zu 5 Jahren oder mit Geldstrafe

Denkbares Fallbeispiel

- A und B geraten in der Bahnhofshalle des Hamburger Hauptbahnhofes in eine verbale Auseinandersetzung. Im Rahmen dieser verbalen Auseinandersetzung schlägt der A dem B mit der Faust in dessen Gesicht, woraufhin sich ein Bluterguss bildet.

1. TBM: Andere Person

Hier genügt eine kurze Feststellung, wer die andere Person ist.

2. TBM: körperliche Misshandlung oder Gesundheitsschädigung

Körperliche Misshandlung

ist jede üble, unangemessene Behandlung, die das körperliche Wohlbefinden oder die körperliche Unversehrtheit nicht nur unerheblich beeinträchtigt.

oder

Gesundheitsschädigung

ist das Hervorrufen oder Steigern eines krankhaften Zustandes.

Raum für eigene Notizen:

4.2 Gefährliche Körperverletzung

Grundtatbestand gemäß § 223 I StGB	+	Gefährlichkeit der Tatausführung gemäß § 224 I Nr. 1 bis 5 StGB	=	**Gefährliche Körperverletzung**

Gesetzestext

§ 224 StGB (Gefährliche Körperverletzung)

(1) Wer die Körperverletzung

1. durch Beibringung von Gift oder anderen gesundheitsschädlichen Stoffen,
2. mittels einer Waffe oder eines anderen gefährlichen Werkzeugs,
3. mittels eines hinterlistigen Überfalls,
4. mit einem anderen Beteiligten gemeinschaftlich oder
5. mittels einer das Leben gefährdenden Behandlung

begeht, wird mit Freiheitsstrafe von sechs Monaten bis zu zehn Jahren, in minder schweren Fällen mit Freiheitsstrafe von drei Monaten bis zu fünf Jahren bestraft.

(2) Der Versuch ist strafbar.

Einordnung des Delikts

Geschütztes Rechtsgut:	Körperliche Unversehrtheit
Deliktscharakter:	Vergehen
Deliktsart:	Offizialdelikt
Versuch:	Strafbar gem. § 224 II StGB
Rechtsfolge:	Freiheitsstrafe von 6 Monaten bis zu 10 Jahren

Denkbares Fallbeispiel

- A und B geraten in der Bahnhofshalle des Hamburger Hauptbahnhofes in eine verbale Auseinandersetzung. Im Rahmen dieser verbalen Auseinandersetzung schlägt der A dem B mit einer Bierflasche in dessen Gesicht, woraufhin sich ein Bluterguss bildet.

§ 224 I Nr. 1 StGB: Beibringung von Gift oder anderen gesundheitsschädlichen Stoffen

Beibringen

Unter Beibringen versteht man, dass der Stoff so mit dem Körper des Opfers in Verbindung gebracht wird, dass er seine gesundheitsschädliche Wirkung entfalten kann.

Gift

Gift ist ein Stoff, der durch seine chemische Wirkung geeignet ist, eine Gesundheitsschädigung hervorzurufen.

oder

Anderer gesundheitsschädlicher Stoff

Gemeint ist ein Stoff, der durch mechanische, biologische, thermische, bakterielle oder virologische Wirkung geeignet ist, die Gesundheit zu schädigen.

§ 224 I Nr. 2 StGB: Mittels einer Waffe oder anderen gefährlichen Werkzeuges

Waffe

Eine Waffe ist ein beweglicher Gegenstand, der tatsächlich geeignet und dazu bestimmt ist, Menschen zu verletzen (= Waffen im technischen Sinn).

Beispiele: Schusswaffen, Kampfmesser.

oder

Anderes gefährliches Werkzeug

Ein gefährliches Werkzeug ist ein beweglicher Gegenstand, der nach seiner Beschaffenheit und in seiner konkreten Verwendung erhebliche Verletzungen hervorrufen kann.

Beispiele: Regenschirm, Holzlatte, Bierglas, Brecheisen.

§ 224 I Nr. 3 StGB:
Mittels eines hinterlistigen Überfalls

Planmäßiges, listiges Verdecken der wahren Absichten des Täters, um gerade dadurch dem Angegriffenen die Abwehr zu erschweren vor einem plötzlichen Angriff auf das unvorbereitete Opfer.

Beispiel: Vortäuschen von Friedfertigkeit (z. B. Fragen nach der Uhrzeit) und plötzliches Einschlagen auf das Opfer.

§ 224 I Nr. 4 StGB:
Mittels einem anderen Beteiligten gemeinschaftlich

Gemeinschaftlich wird die Körperverletzung begangen, wenn bei ihr mindestens zwei Personen durch einverständliches aktives Handeln derart zusammenwirken, dass sie dem Verletzten am Tatort unmittelbar gegenüberstehen.

Beispiel: Zwei Personen treten auf das am Boden liegende Opfer ein.

§ 224 I Nr. 5 StGB:
Mittels einer das Leben gefährdenden Behandlung

Die Art und Weise der Handlung ist nach den konkreten Umständen geeignet, das Opfer in Lebensgefahr zu bringen.

Beispiele: Wuchtige Schläge und Tritte gegen den Kopf, Stoßen des Kopfes gegen eine Hauswand, massive Würgegriffe gegen den Hals.

Raum für eigene Notizen:

5. Widerstandsdelikte

5.1 Widerstand gegen Vollstreckungsbeamte

Gesetzestext (Auszug)

§ 113 StGB (Widerstand gegen Vollstreckungsbeamte)

(1) Wer einem Amtsträger oder Soldaten der Bundeswehr, der zur Vollstreckung von Gesetzen, Rechtsverordnungen, Urteilen, Gerichtsbeschlüssen oder Verfügungen berufen ist, bei der Vornahme einer solchen Diensthandlung mit Gewalt oder durch Drohung mit Gewalt Widerstand leistet, wird mit Freiheitsstrafe bis zu drei Jahren oder mit Geldstrafe bestraft.

(2) In besonders schweren Fällen ist die Strafe Freiheitsstrafe von sechs Monaten bis zu fünf Jahren. Ein besonders schwerer Fall liegt in der Regel vor, wenn

1. der Täter oder ein anderer Beteiligter eine Waffe oder ein anderes gefährliches Werkzeug bei sich führt,
2. der Täter durch eine Gewalttätigkeit den Angegriffenen in die Gefahr des Todes oder einer schweren Gesundheitsschädigung bringt oder
3. die Tat mit einem anderen Beteiligten gemeinschaftlich begangen wird.

(3) Die Tat ist nicht nach dieser Vorschrift strafbar, wenn die Diensthandlung nicht rechtmäßig ist. Dies gilt auch dann, wenn der Täter irrig annimmt, die Diensthandlung sei rechtmäßig.

[...]

Einordnung des Delikts

Geschütztes Rechtsgut:	Durchsetzung des Staatswillens, Vollstreckungsbeamte
Deliktscharakter:	Vergehen
Deliktsart:	Offizialdelikt
Versuch:	Der Versuch ist der Vollendung gleichgestellt
Rechtsfolge:	Freiheitsstrafe bis zu 3 Jahren oder mit Geldstrafe

Denkbares Fallbeispiel

- Nach einer körperlichen Auseinandersetzung in der Bahnhofshalle des Hamburger Hauptbahnhofes nimmt eine Streife der BPOLI Hamburg den Z fest. Da der Z ausweislos ist, will die Streife diesen zum Zwecke der IDF zur Dienststelle verbringen. Der Z klammert sich daraufhin an einer Wartebank fest, so dass die Streife nicht unerhebliche Kraft aufwenden muss, um den Z von der Wartebank loszureißen.

Primäre Zielrichtung des Täters bei § 113StGB:

Erschwerung bzw. Behinderung der Durchführung der Maßnahme

1. TBM: Amtsträger

Laut § 11 I Nr. 2a StGB ist Amtsträger, wer nach deutschem Recht Beamter, Richter oder eine Person ist, die in einem öffentlich-rechtlichen Amtsverhältnis steht.

2. TBM: Zur Vollstreckung von Gesetzen berufen

Der Amtsträger ist berechtigt, Maßnahmen gegen Personen oder Sachen zu treffen, die notfalls mit Zwang durchgesetzt werden können.

3. TBM: Bei der Vornahme einer Diensthandlung

Die Vollstreckungshandlung besteht in einer polizeirechtlichen oder strafprozessualen Maßnahme, die unmittelbar bevorsteht, schon begonnen hat und **noch nicht beendet** ist.

4. TBM: Widerstand

Widerstand ist jedes aktive Verhalten gegenüber dem Vollstreckungsbeamten, das bezweckt, die Vollstreckungsmaßnahme zu verhindern oder zu erschweren.

5. TBM: Mit Gewalt oder durch Drohung mit Gewalt

Gewalt ist jede mittelbare oder unmittelbare Einwirkung auf den Beamten mit dem Ziel Widerstand zu leisten.

oder

Drohung mit Gewalt ist die Ankündigung der Anwendung von Gewalt.

6. TBM: Tatbestandsannex Rechtmäßige Dienstausübung gem. § 113 III StGB

Hier sollte eine kurze Prüfung der Rechtmäßigkeit der Maßnahme des Vollstreckungsbeamten stattfinden. Zur rechtmäßigen Dienstausübung gehören folgende Punkte:

- sachliche Zuständigkeit
- örtliche Zuständigkeit
- zur Vornahme der Vollstreckungshandlung ermächtigt
- wesentliche Förmlichkeiten wurden beachtet
- Ermessen wurde pflichtgemäß ausgeübt.

Hinweis: Den Tatbestandsannex bezeichnet man auch als eine objektive Bedingung der Strafbarkeit. Die Folge dessen ist, dass sich der Vorsatz des Täters auf dieses Merkmal nicht beziehen muss.

Raum für eigene Notizen:

5.2 Tätlicher Angriff auf Vollstreckungsbeamte

Gesetzestext

§ 114 StGB (Tätlicher Angriff auf Vollstreckungsbeamte)

(1) Wer einen Amtsträger oder Soldaten der Bundeswehr, der zur Vollstreckung von Gesetzen, Rechtsverordnungen, Urteilen, Gerichtsbeschlüssen oder Verfügungen berufen ist, bei einer Diensthandlung tätlich angreift, wird mit Freiheitsstrafe von drei Monaten bis zu fünf Jahren bestraft.

(2) § 113 Absatz 2 gilt entsprechend.

(3) § 113 Absatz 3 und 4 gilt entsprechend, wenn die Diensthandlung eine Vollstreckungshandlung im Sinne des § 113 Absatz 1 ist.

Einordnung des Delikts

Geschütztes Rechtsgut:	Durchsetzung des Staatswillens, Vollstreckungsbeamte
Deliktscharakter:	Vergehen
Deliktsart:	Offizialdelikt
Versuch:	Der Versuch ist der Vollendung gleichgestellt
Rechtsfolge:	Freiheitsstrafe von 3 Monaten bis zu 5 Jahren

Denkbares Fallbeispiel

- Nach einer körperlichen Auseinandersetzung in der Bahnhofshalle des Hamburger Hauptbahnhofes nimmt eine Streife der BPOLI Hamburg den Z fest. Da der Z ausweislos ist, will die Streife diesen zum Zwecke der IDF zur Dienststelle verbringen. Der Z schlägt daraufhin plötzlich auf die Streife ein.

Primäre Zielrichtung des Täters bei § 114 StGB:

Vollstreckungsbeamter als Person (feindseliger Angriff auf die körperliche Unversehrtheit)

In der Regel wird durch den § 114 StGB **auch** stets eine versuchte oder vollendete Körperverletzung vorliegen (§§ 223 ff. StGB).

1. TBM: Amtsträger

Laut § 11 I Nr. 2a StGB ist Amtsträger, wer nach deutschem Recht Beamter, Richter oder eine Person ist, die in einem öffentlich-rechtlichen Amtsverhältnis steht.

2. TBM: Zur Vollstreckung von Gesetzen berufen

Der Amtsträger ist berechtigt, Maßnahmen gegen Personen oder Sachen zu treffen, die notfalls mit Zwang durchgesetzt werden können.

3. TBM: Bei einer Diensthandlung

Eine Diensthandlung ist jedes hoheitliche und schlichthoheitliche Tätigwerden des Amtsträgers.

Hinweis: Sofern es sich um hoheitliches Tätigwerden handelt, ist zwingend auch das 5. TBM zu prüfen (Rechtmäßige Dienstausübung).

Beispiele für schlichthoheitliches Tätigwerden sind Streifen- und Überwachungstätigkeiten.

4. TBM: Tätlicher Angriff

Ein tätlicher Angriff ist jede **feindselige Aktion**, die sich unmittelbar gegen den Körper des Amtsträgers richtet, ohne Rücksicht auf den Erfolg.

5. TBM: Tatbestandsannex
Rechtmäßige Dienstausübung gem. § 114 III i. V. m. § 113 III StGB, wenn die Diensthandlung eine Vollstreckungshandlung ist

Hier sollte eine kurze Prüfung der Rechtmäßigkeit der Maßnahme des Vollstreckungsbeamten stattfinden. Zur rechtmäßigen Dienstausübung gehören folgende Punkte:

- sachliche Zuständigkeit
- örtliche Zuständigkeit
- zur Vornahme der Vollstreckungshandlung ermächtigt
- wesentliche Förmlichkeiten wurden beachtet
- Ermessen wurde pflichtgemäß ausgeübt.

Raum für eigene Notizen:

6. Urkundendelikte

6.1 Urkundenfälschung

Gesetzestext (Auszug)

§ 267 StGB (Urkundenfälschung)

(1) Wer zur Täuschung im Rechtsverkehr eine unechte Urkunde herstellt, eine echte Urkunde verfälscht oder eine unechte oder verfälschte Urkunde gebraucht, wird mit Freiheitsstrafe bis zu fünf Jahren oder mit Geldstrafe bestraft.

(2) Der Versuch ist strafbar.

[...]

Einordnung des Delikts

Geschütztes Rechtsgut:	Sicherheit im Rechtsverkehr
Deliktscharakter:	Vergehen
Deliktsart:	Offizialdelikt
Versuch:	Versuch ist strafbar, s. § 267 II StGB
Rechtsfolge:	Freiheitsstrafe bis zu 5 Jahren oder mit Geldstrafe

Denkbares Fallbeispiel

- Im Rahmen der Einreisekontrolle am Hamburger Flughafen legt der X einen polnischen Pass vor, in welchem offensichtlich das Lichtbild ausgetauscht wurde.

1. TBM: Urkunde

Verkörperte Gedankenerklärung (Bestandsfunktion), die ihrem gedanklichen Inhalt nach geeignet und bestimmt ist, für ein Rechtsverhältnis Beweis zu erbringen (Beweisfunktion) und die ihren Aussteller erkennen lässt (Garantiefunktion).

Unter einer **verkörperten Gedankenerklärung** versteht man eine feste Sache, die mit einer gedanklichen Äußerung versehen ist. Diese muss von gewisser Dauerhaftigkeit und visuell wahrnehmbar sein.

Eine Gedankenerklärung ist **geeignet und bestimmt** im Rechtsverkehr Beweis zu erbringen, wenn sie etwas über rechtlich erhebliche Tatsachen aussagt.

Der **Aussteller** einer Gedankenerklärung ist erkennbar, wenn auf deren geistigen Urheber – zumindest bei den Beteiligten – geschlossen werden kann.

2. TBM: Tathandlungen

Unechte Urkunde herstellen

Ist die Täuschung über den Aussteller der Urkunde, d.h. jemand erscheint als Aussteller, von dem die Urkunde nicht stammt.

oder

Echte Urkunde verfälschen

Eine echte Urkunde verfälschen, ist jede unbefugte nachträgliche Änderung der Beweisrichtung und des Inhaltes der Urkunde, so dass diese etwas Anderes aussagt als vorher.

oder

Unechte oder verfälschte Urkunde gebrauchen

Wenn die unechte oder verfälschte Urkunde dem zu Täuschenden zugänglich gemacht wird, so dass er von dessen Inhalt Kenntnis erlangen kann.

3. TBM: Zur Täuschung im Rechtsverkehr

Der Täter handelt mit dem direkten Vorsatz, bei einem anderen einen Irrtum über die Echtheit der Urkunde zu erregen und den Getäuschten dadurch zu einem rechtserheblichen Verhalten zu veranlassen.

Raum für eigene Notizen:

6.2 Ausweismissbrauch

Gesetzestext (Auszug)

§ 281 StGB (Missbrauch von Ausweispapieren)

(1) Wer ein Ausweispapier, das für einen anderen ausgestellt ist, zur Täuschung im Rechtsverkehr gebraucht, oder wer zur Täuschung im Rechtsverkehr einem anderen ein Ausweispapier überlässt, das nicht für diesen ausgestellt ist, wird mit Freiheitsstrafe bis zu einem Jahr oder mit Geldstrafe bestraft. Der Versuch ist strafbar.

[...]

Einordnung des Delikts

Geschütztes Rechtsgut:	Sicherheit im Rechtsverkehr
Deliktscharakter:	Vergehen
Deliktsart:	Offizialdelikt
Versuch:	Versuch ist strafbar, s. § 281 I S. 2 StGB
Rechtsfolge:	Freiheitsstrafe bis zu 1 Jahr oder mit Geldstrafe

Denkbares Fallbeispiel

- Im Rahmen einer Kontrolle am Hamburger Hauptbahnhof gegen 02:00 Uhr weist sich der 14-jährige X mit dem Ausweis seines 21-jährigen Bruders F aus.

1. TBM: Echtes Ausweispapier

Ausweispapiere sind Urkunden, die von einer Behörde oder einer Stelle, die Aufgaben der öffentlichen Verwaltung wahrnimmt, ausgestellt wurden, um die Identität einer Person oder ihre persönlichen Verhältnisse zu beweisen.

2. TBM: Auf einen anderen ausgestellt

Das Ausweispapier wurde auf eine andere Person ausgestellt.

3. TBM: Gebrauchen oder einem anderen überlassen

Gebraucht wird das Ausweispapier, wenn es dem zu Täuschenden zugänglich gemacht wird.

oder

Das Ausweispapier wird einem anderen überlassen, wenn die Verfügungsgewalt über das Ausweispapier übertragen wird.

4. TBM: Zur Täuschung im Rechtsverkehr

Der Täter handelt mit dem direkten Vorsatz, bei einem anderen einen Irrtum über die Identität des Ausweisenden zu erregen und den Getäuschten dadurch zu einem rechtserheblichen Verhalten zu veranlassen.

In der SV-Würdigung muss angesprochen werden:

a) direkter Vorsatz
b) Erregung eines Irrtums
c) Veranlassung zu einem rechtserheblichen Verhalten

Raum für eigene Notizen:

7. Raub

Gesetzestext

§ 249 StGB (Raub)

(1) Wer mit Gewalt gegen eine Person oder unter Anwendung von Drohungen mit gegenwärtiger Gefahr für Leib oder Leben eine fremde bewegliche Sache einem anderen in der Absicht wegnimmt, die Sache sich oder einem Dritten rechtswidrig zuzueignen, wird mit Freiheitsstrafe nicht unter einem Jahr bestraft.

(2) In minder schweren Fällen ist die Strafe Freiheitsstrafe von sechs Monaten bis zu fünf Jahren.

Einordnung des Delikts

Geschütztes Rechtsgut:	Eigentum und Gewahrsam sowie die persönliche Freiheit
Deliktscharakter:	Verbrechen
Deliktsart:	Offizialdelikt
Versuch:	Versuch ist strafbar
Rechtsfolge:	Freiheitsstrafe nicht unter 1 Jahr

Denkbares Fallbeispiel

- A möchte der alten Dame D in der Bahnhofshalle des Hamburger Hauptbahnhofs die Handtasche entreißen und entwenden. Jedoch setzt sich die D zur Wehr und hält ihre Handtasche fest. A schlägt daraufhin die D nieder, nimmt die Handtasche und rennt weg.

Der Raub (§ 249 StGB) muss zunächst abgegrenzt werden vom Diebstahl (§§ 242 ff. StGB) als auch von raubähnlichen Delikten (z. B. räuberischer Diebstahl, § 252 StGB) und der Erpressung (§ 253 StGB) und der räuberischen Erpressung (§ 255 StGB).

<table>
<tr><th>Diebstahl
§ 242 ff. StGB</th><th>Raub
§ 249 ff. StGB</th><th>räuberischer Diebstahl
§ 252 StGB</th><th>Erpressung
§ 253 StGB</th><th>räuberische Erpressung
§ 255 StGB</th></tr>
<tr><td>Wegnahme
(= Diebstahl)</td><td>1.
Durch Anwendung von Gewalt gegen Personen oder <u>Drohung</u> mit gegenwärtiger Gefahr für Leib/Leben</td><td>1.
Zunächst erfolgt die Wegnahme (Diebstahl)</td><td colspan="2">Erzwingung einer vermögensschädigenden Vermögensverfügung in der Absicht der rechtswidrigen Bereicherung</td></tr>
<tr><td></td><td>+</td><td>+</td><td>Anwendung von Gewalt gegen Sachen
oder
<u>Drohung</u> mit empfindlichem Übel</td><td>Anwendung von Gewalt gegen Personen
oder
<u>Drohung</u> mit gegenwärtiger Gefahr für Leib/Leben</td></tr>
<tr><td></td><td>2.
erfolgt die Wegnahme (= Diebstahl)</td><td>2.
Anwendung von Gewalt gegen Personen oder <u>Drohung</u> mit gegenwärtiger Gefahr für Leib/Leben</td><td></td><td></td></tr>
<tr><td></td><td>Ziel:
Wegnahme</td><td>Ziel:
Beutesicherung</td><td colspan="2">Ziel:
Herausgabe</td></tr>
</table>

1. TBM: Sache

Eine Sache i. S. d. § 90 BGB ist jeder körperliche Gegenstand, unabhängig von seinem Aggregatzustand.

2. TBM: Fremd

Fremd ist eine Sache, wenn sie nicht im Alleineigentum des Täters steht und nicht herrenlos ist.

3. TBM: Beweglich

Beweglich ist eine Sache, wenn diese tatsächlich fortgeschafft werden kann.

4. TBM: Wegnahme

Wegnahme ist der **Bruch** fremden und die **Begründung** neuen **Gewahrsams**.

Hinweis: Es sind nun folgende drei Merkmale zu prüfen.

Gewahrsam
ist die vom Herrschaftswillen getragene tatsächliche Sachherrschaft über die Sache.

Bruch fremden Gewahrsams
ist die Aufhebung der tatsächlichen Sachherrschaft ohne Zustimmung des bisherigen Inhabers.

Begründung neuen Gewahrsams
liegt vor, wenn der Täter die Sachherrschaft derart erlangt hat, dass er sie ungehindert ausüben kann.

5. TBM: Absicht rechtswidriger Zueignung

Die Zueignungsabsicht ist die Absicht des Täters, den Eigentümer einer Sache zu enteignen und sich selbst oder einem Dritten die Sache anzueignen.

Hinweis: Es sind nun folgende drei Merkmale zu prüfen.

Enteignungswille

liegt vor, wenn der Täter zumindest billigend in Kauf nimmt, dass der Eigentümer auf Dauer von der Sache ausgeschlossen wird.

Aneignungsabsicht

Hierbei kommt es dem Täter darauf an, sich (oder einen Dritten) zumindest vorübergehend an die Position des Eigentümers zu setzen, um die Sache beliebig – insbesondere wirtschaftlich – nutzen zu können.

Rechtswidrigkeit der Zueignung

Rechtswidrig ist die Zueignung dann, wenn sie der materiellen Eigentumsordnung widerspricht und der Täter keinen Rechtsanspruch zur Zueignung hat.

6. TBM: Einsatz eines Raubmittels

Durch Anwendung von Gewalt gegen eine Person

Gewalt ist jede körperliche Kraftentfaltung, durch die ein körperlich empfundener Zwang ausgeübt wird, um geleisteten oder erwarteten Widerstand zu überwinden.

Beispiele: Gezielter Faustschlag, Schütteln des Opfers, Wegreißen von Gegenständen.

oder

Durch Drohung mit einer gegenwärtigen Gefahr für Leib oder Leben

Hierunter versteht man das in Aussicht stellen einer nicht unerheblichen Verletzung der körperlichen Unversehrtheit/Tötung, die mit an Sicherheit grenzender Wahrscheinlichkeit in allernächster Zeit zu erwarten ist, falls nicht abwehrend eingegriffen wird.

Beispiele: Die zum Schlag erhobene Hand, Vorhalten einer Pistole, Messer.

7. TBM: Finalzusammenhang

Die Gewalt oder die Drohung müssen eingesetzt werden, um die Wegnahme zu ermöglichen.

Folgendes **Negativ-Beispiel** soll verdeutlichen, wenn der Finalzusammenhang nicht vorliegt:

Der C schlägt den F nieder, weil dieser ihm die Freundin ausgespannt hat. Als F am Boden liegt, entwendet C ihm die Brieftasche.

➔ Der C begeht einen Diebstahl und eine Körperverletzung, aber keinen Raub! Die Wegnahme der Brieftasche geschieht eher zufällig, weil sich eine passende Gelegenheit ergibt.

Raum für eigene Notizen:

Kapitel 4
Definitionsalmanach

Dieses Kapitel bündelt weitere wichtige Definitionen. Die Liste erhebt nicht den Anspruch auf Vollständigkeit. Einige der Definitionen werden im Rahmen der Sachverhaltsbeurteilung; andere hingegen für das Gesamtverständnis benötigt. Die Begriffe wurden alphabetisch geordnet.

Angeschuldigter

Mit Erhebung der öffentlichen Klage durch die Staatsanwaltschaft wird aus dem Beschuldigten ein Angeschuldigter.

Antragsdelikte

Antragsdelikte sind Straftatbestände, die von der form- und fristgerechten Stellung eines Strafantrages (§§ 77, 77a StGB) abhängig sind.

Benutzer der Bahn

Benutzer der Bahn ist, wer sich auf dem Gebiet der Bahnanlagen aufhält.[34] Die BPOL betreibt keine Motivforschung zum Aufenthaltszweck der Person (z.B. Reisende, Personen, die im Bahnhof einkaufen wollen).

Beschuldigter

Beschuldigter ist jede Person, gegen die aufgrund tatsächlicher Anhaltspunkte strafrechtlich ermittelt wird.

---

34 Sog. weiter Benutzerbegriff.

Betrieb der Bahn

Der Betrieb umfasst alle unmittelbar auf den Reise- und Güterverkehr gerichteten Vorgänge.

Dringender Tatverdacht

Dieser besteht, wenn nach dem bisherigen Ermittlungsergebnis überwiegend belastende Tatsachen die große Wahrscheinlichkeit begründen, dass der Beschuldigte als Täter oder Teilnehmer eine bestimmte Straftat begangen hat.

Erhebliche Gefahr

Eine erhebliche Gefahr ist eine 3-stufige Polizeigefahr für ein bedeutsames Rechtsgut, wie Bestand des Staates, Leben, Gesundheit, Freiheit, wesentliche Vermögenswerte oder andere strafrechtlich geschützte Güter von erheblicher Bedeutung für die Allgemeinheit. Die Legaldefinition der erheblichen Gefahr findet sich in § 14 II S. 2 BPolG.

Fahrlässigkeit

Fahrlässigkeit ist die Außerachtlassung der objektiv erforderlichen sowie dem Täter subjektiv möglichen und zumutbaren Sorgfalt. Der Täter denkt sich: Es wird schon gut gehen.

Gefahr im Verzug

Im Sinne des Strafprozessrechts bedeutet dieser Begriff, dass bestimmte Maßnahmen **ohne** den grundsätzlich vorgeschriebenen Richtervorbehalt durch die Staatsanwaltschaft oder ihre Ermittlungspersonen angeordnet werden können.

Gefahr im Verzug liegt vor, wenn die Einholung eines vorherigen richterlichen Beschlusses den Ermittlungserfolg ganz oder teilweise vereiteln oder gefährden würde.

Von Relevanz ist der Begriff u. a. bei nachfolgenden Befugnissen:

- Durchsuchungen (§§ 102 ff., 105 StPO)
- Beschlagnahme (§§ 94, 98 StPO)

- körperlichen Untersuchungen bei Beschuldigten (§§ 81a ff. StPO)
- körperliche Untersuchung bei Zeugen (§ 81c StPO)

Gegenwärtige Gefahr

Die gegenwärtige Gefahr ist eine 3-stufige Polizeigefahr, bei der das schädigende Ereignis bereits begonnen hat oder mit an Sicherheit grenzender Wahrscheinlichkeit unmittelbar bevorsteht.

Gegenwärtige erhebliche Gefahr

Eine gegenwärtige erhebliche Gefahr ist eine 3-stufige Polizeigefahr, bei der das schädigende Ereignis für ein bedeutsames Rechtsgut bereits begonnen hat oder mit an Sicherheit grenzender Wahrscheinlichkeit unmittelbar bevorsteht.

Hinreichender Tatverdacht

Dieser liegt vor, wenn nach dem abschließenden Gesamtergebnis der Ermittlungen genügende Beweise gegeben sind, dass eine spätere Verurteilung des Beschuldigten wahrscheinlich ist. Für das Gericht ist ein solcher Verdachtsgrad die Voraussetzung, die Eröffnung des Hauptverfahrens zu beschließen.

Legalitätsprinzip (für die Polizei)

Das Legalitätsprinzip im Strafverfahrensrecht ergibt sich für die Polizei aus § 163 I S. 1 StPO. Das Legalitätsprinzip ist die gesetzlich normierte Verpflichtung der Strafverfolgungsorgane (Polizei), erkannte bzw. mögliche Straftaten von Amts wegen zu erforschen und zu verfolgen. Die o.g. Vorschrift gibt der Polizei das Recht, **in Eigeninitiative** tätig zu werden, also **ohne** gesonderte Weisung der Staatsanwaltschaft.

Offizialdelikte

Offizialdelikte sind solche, die von Amts wegen verfolgt werden. Der überwiegende Anteil der Strafnormen sind Offizialdelikte.

Opportunitätsprinzip

Das Opportunitätsprinzip im Bereich der Gefahrenabwehr besagt, dass die Behörde (BPOL) ihre Maßnahmen nach pflichtgemäßen Ermessen trifft, § 16 BPolG. Es stellt sich also die Frage, ob (sog. Entschließungsermessen) und gegen wen (sog. Auswahlermessen/ Adressatenregelung) vorgegangen werden soll.

Schaden

Jede Verschlechterung der öffentlichen Sicherheit oder Ordnung. Die Gefahr hat sich verwirklicht bzw. konkretisiert.

Strafanzeige

Darunter versteht man die Mitteilung eines Sachverhaltes mit der Anregung, zu prüfen, ob ein Ermittlungsverfahren einzuleiten ist.

Verbrechen

Gemäß § 12 I StGB sind Verbrechen rechtswidrige Taten, die im Mindestmaß mit Freiheitsstrafe von einem Jahr oder darüber bedroht sind.

Vergehen

Vergehen sind gem. § 12 II StGB rechtswidrige Taten, die im Mindestmaß mit einer geringeren Freiheitsstrafe oder mit Geldstrafe bedroht sind.

Verhältnismäßigkeit

Verhältnismäßig ist die Maßnahme dann, wenn diese geeignet, erforderlich und angemessen ist.

[Der Punkt Verhältnismäßigkeit besteht aus drei Prüfungspunkten]

1. **Geeignet** ist eine Maßnahme dann, wenn sie objektiv zwecktauglich ist, das polizeiliche Ziel zu erreichen.
2. **Erforderlich** ist eine Maßnahme dann, wenn von mehreren geeigneten Maßnahmen diejenige getroffen wird, die den Einzelnen und die Allgemeinheit am wenigsten beeinträchtigt.

3. **Angemessen** ist eine Maßnahme dann, wenn die Folgen der getroffenen Maßnahme im angemessenen Verhältnis zum angestrebten Ziel stehen.

Versuch

Eine Straftat versucht, wer nach seiner Vorstellung von der Tat zur Verwirklichung des Tatbestandes unmittelbar ansetzt (§ 22 StGB).

Vorsatz (allgemein)

Vorsatz bedeutet Wissen und Wollen der Tatbestandsverwirklichung.

Zeuge

Zeugen sind unverdächtige Personen, deren Beobachtungen für das Strafverfahren von Bedeutung sind.